你是淡雅的诗 生活是华丽的油彩

Ruxu 如湑·著

图书在版编目（CIP）数据

你是淡雅的诗，生活是华丽的油彩 / 如滑著 . -- 北京：新世界出版社，2016.11
ISBN 978-7-5104-6015-9

Ⅰ . ①你… Ⅱ . ①如… Ⅲ . ①女性 - 人生哲学 - 通俗读物 Ⅳ . ① B821-49

中国版本图书馆 CIP 数据核字 (2016) 第 254535 号

你是淡雅的诗，生活是华丽的油彩

作　　者：如　滑
责任编辑：冀　晖
特约编辑：梁　艳
责任印制：李一鸣　黄厚清
出版发行：新世界出版社
社　　址：北京西城区百万庄大街 24 号（100037）
发 行 部：（010）6899 5968　（010）6899 8705（传真）
总 编 室：（010）6899 5424　（010）6832 6679（传真）
http://www.nwp.cn
http://www.nwp.com.cn
版 权 部：+8610 6899 6306
版权部电子信箱：nwpcd@sina.com
印　　刷：三河市南阳印刷有限公司
经　　销：新华书店
开　　本：880mm × 1230 mm　1/32
字　　数：170 千字　　印张：8
版　　次：2016 年 11 月第 1 版　2016 年 11 月第 1 次印刷
书　　号：ISBN 978-7-5104-6015-9
定　　价：35.00 元

目　录 content

目录 content

当我们拥有美好时，我们应该谈论什么

（一）

有人说，美好是徐志摩诗里那一低头的温柔和眼角的娇羞；有人说，美好是王家卫电影里眉间发尾的风情和举手投足的骄傲；有人说，美好是莫奈画笔下的睡莲，在池塘里盛开，绿叶浮起，花朵挺出水面；有人说，美好是肖全照片里理想主义者的青春和发自内心的持久的挚爱；有人说，美好是朱自清笔下月台后父亲手中的橘子和渐行渐远的背影……还有人说，美好是浩瀚的宇宙、是人间仙境、是深邃的天空、是满天繁星、是天水相接、是曲径通幽，是最美的风景、最好的事物、最如意的知己、最完美的自己。

我们读过很多美好的诗歌，看到过很多美好的风景，或许不曾经历过电影里如梦如幻的爱情，却曾追逐过自己心中美好的人儿，不论生活是艰辛或是惬意，我们都曾拥有过美好的瞬间。于生活而言，我们想要的或许只是一位携手相伴到老的伴侣、一处舒适惬意的蜗居、一片没有雾霾的蓝天而已。

那么，你可曾想过，当我们拥有美好时，我们应该谈论些什么？

（二）

张爱玲说，于千万人之中遇见你所遇见的人，于千万年之中时间的无涯的荒野里，没有早一步，也没有晚一步，正巧赶上了，那也没有别的可说，唯有轻轻问一句：“哦，你也在这里吗？”

沈从文说，我行过许多地方的桥，看过许多次的云，喝过许多种类的酒，却只爱过一个正当最好年龄的人。

杨绛说，她的一生最美好的场景，就是遇见钱钟书。

这或许便是世上最可遇而不可求的美好了。人与人之间最动人的故事，往往都不曾惊天动地过，在时光漫步云端之后，留在脑海中的那一份纯，才是最终的真。我从来没有艳慕过徐志摩对林徽因的绝世爱慕，也没有臣服过赵四小姐委曲求全的爱情，却对钱钟书与杨绛两位才子佳人般的相恋相守念念不忘。

他们的祖籍同为江苏无锡，那座交织着南方灵秀与北方大气的江南小城，似乎预示着那一年清华古月堂前一面，会成就一段一见钟情两情相悦的良缘。在人们眼中，两人初相识时，一位是清华的翩翩才子，一位是秀外慧中的大家闺秀，后来，一位成了享誉天下的大文豪，一位成了蜚声中外的翻译家。

回忆起那一天清华的相遇，杨绛说，钱钟书眉宇间“蔚然而深秀”，或许就是这“蔚然而深秀”，吸引着杨绛一步一步靠近，成就了后来的旷世之恋和六十三载的相濡以沫。在天愿做比翼鸟，在地愿结连理枝，而钱钟书则说：咱们只有死别，再无生离。

两人一起度过的最艰难的岁月，是那场文化浩劫。那一年钱钟书已经五十六岁，却被一群年轻人押上了大街，他没有放弃信仰，在不断的屈辱中坚持着。与此同时，杨绛的日子亦不好过，除了一同接受批斗，作为女人，还需要独自坚强地面对被人唾弃的生活。纵然如此，就算分居两地接受改造，钱钟书依然坚持每日一信，以吻封缄，送去爱与温暖。这些信，是他们对未来生活的愿景和希望，是一个女人在孤独岁月里最后的依靠。就这样，他们携手走过了那段黑暗岁月，走向另一段新的生活。

“围在城里的人想逃出来，城外的人想冲进去。对婚姻也罢，职业也罢，人生的愿望大都如此。”

可能很多人都不知道，其实这段话是出自杨绛之口，是她在看完钱钟书的《围城》后，脱口而出的点评。后来这段话作为旁白，出现在电视剧《围城》的开头，也成为《围城》的灵魂。尽管如此，钱钟书与杨绛却用一生实现了“执子之手，与子偕老”的美好诺言。

死生契阔，与子成说。执子之手，与子偕老。真正的美好，是走在岁月尽头时，有你在身旁；是岁月不会厚此薄彼，在两人脸上齐齐刻下深深的皱纹；是垂暮之时，相互搀扶走在公园的林荫小道；是静坐长椅翻看青葱岁月的相片……

人生说长不长说短不短，我们每个人都企望遇见童话般美好的恋人，不管几经周折，最后王子和公主都会过上美好的生活，爱情的美好，仅此而已，仅为此愿。

（三）

我们怀念的不是青春，而是那时疯狂的姐妹情谊。

这是韩国电影《阳光姐妹淘》里的字幕。不得不承认，《阳光姐妹淘》是我人生三十几年来记忆最深刻的闺蜜电影。记忆中和闺蜜在一起的日子，总是阳光灿烂，令人安心的美好，在于有那么一个人，可以一辈子陪你笑，陪你哭，陪你疯，陪你八卦，陪你买醉……我能想到的最浪漫的事，就是和你一起慢慢变老。当我们老了，最浪漫的承诺未必是由那个牵手的爱人来兑现，但我们在麻将桌上，一定会有那么一个老了还跟你互掐，点了炮还不认账的老妞儿。

而在现实生活里，其实每一段阳光姐妹淘的情谊都是令人艳慕的。前些日子，我跟众多网友一样，被三十岁花样少女陈意涵的正能量生活“刺激”出内伤，我身边的小姑娘们纷纷表示：“等我到了三十岁，也要像她一样，活出自己的精彩！”当陈意涵的美好生活被大量曝光之后，本以为会被“媒体”按规则爆出负面新闻，没想到我们却意外地看到，陈意涵那个爱生活的完美好闺蜜——张钧甯。

陈意涵给自己起了一个绰号叫陈大发，她解释说自己虽然外表很乖很甜，但其实内心很man，当然她也希望自己内心很man，坚强、勇敢、独立、大度，所以给自己取了这个绰号。然后，她做到了。一九八二年出生的陈大发，在三十岁来临之前，做了几件疯狂的小事——梳辫子头、刺青、裸泳——都有张钧甯陪伴，她们用实际行动演绎着那句经典的话：再不疯狂就老了！在她们眼里，三十只是个数字符号，和年纪没有关系。

其实从气场和气质上来看，陈大发和张钧甯似乎是截然相反的两个人，一个元气满满，一个清新脱俗。在陈大发的世界里，女生是超级麻烦的生物，她理想的生活，只要有酒、有书、有阳光就等于有了一切。和张钧甯相识是在拍摄《痞子英雄》的时候，两个人莫名其妙地就成了好闺蜜。两个人的性格或许有很多互补之处，但作为闺蜜，一定也会有更多一致的想法和相同的认知，譬如对运动的热爱。

陈意涵对运动的热爱已经到了痴狂的地步，骑车、滑雪、攀岩、跳伞、潜水、跑马拉松……她曾经在跑完马拉松之后，直接奔赴羽毛球场的照片让所有人都叹为观止。有粉丝开玩笑说，她已经不是十项全能，而是十项铁人了！当然，张钧甯作为好闺蜜自然是不甘落后的，除了专业跑步爱好者的身份之外，外表看起来柔弱安静的她还怀抱一颗爱冒险的心，参与了《跟着贝尔去冒险》，攀岩、射击、跳伞说来就来，也难怪她和陈大发能玩到一起。

陈意涵喜欢倒立，立志在一百个城市留下倒影；张钧甯喜欢跳，一路从西藏跳到了北极。她们没事的时候常常一起旅行、一起运动、一起寻找美食……只要对方一句话，不论天涯海角，她们都会第一时间赶到彼此身旁。陈意涵失恋了，张钧甯陪她去做了那些疯狂又甜蜜的事；张钧甯参加《跟着贝尔去冒险》感到害怕，陈意涵请了假赶去现场。

是的，真正的闺蜜大概就应该如这般，能分享更能分担，有时候甚至会如一段恋情，成就对方，然后成为更好的自己。曾经很长一段时间，我们和闺蜜赖在一起的时光，甚至比陪父母和男朋友的时间都长。我们可能儿时便已相识，或许是读书时候的同桌，或许是大学寝室的上下铺……我们一起享受着后会无期的青春，一起经历着唯我独尊的小叛逆，虽然讨厌和别人撞衫，却坚持两个人穿一样款式的衣衫，在大街上招摇而过，留下一张“双胞胎”的照片，是那些日子最美好的纪念，也是我们记忆中最骄傲的片段。

再后来，我们一起从女孩走向了女人，从狂拽酷炫变得温柔似水，从开怀大笑变得微微一笑。时光在我们的面容上留下了深深浅浅的印记，即使后来有那么一天，我们遇见了生命里另外一半，从此生活被彻底改变，即便闺蜜的专属情谊会被另一段感情冲淡，但我们依然优雅地在一起。

时光不老，我们不散。我还记得闺蜜节那天，她给我的祝福。

"祝你找到白马王子！"她说。

"祝你只会甩人，不会被人甩！"我说。

谢谢你，懂我疼我的好闺蜜，和你赖在一起的时光，就是最美好的年华。

（四）

这是两个患有孤独症的小女孩的故事，也是一群患有孤独症的孩子的故事。我想说，每一个孩子都是上帝派来的天使，拥有世上最纯洁的灵魂，每一个美好而纯净的灵魂，都值得被这个世界深深宠爱，而每一个微小的美好，都值得我们勇敢地去坚守。

英国小女孩Iris Grace被确诊患有严重的自闭症，她几乎每时每刻都沉浸在个人世界里，不愿与人交流，包括爸爸妈妈。从一岁到两岁再到五岁，Iris似乎越来越远离正常人的生活，不仅不和任何人沟通，就连起码的自我表达也全然没有。Iris的爸爸妈妈用了很多办法，希望能拯救自己的孩子，从各种玩具到药物治疗，几年下来毫无起色。就在他们快要放弃的时候，上帝忽然为Iris派来了一位天使，给Iris打开了一扇隐藏的窗。

一个偶然的机会，一只小猫走进了Iris的生活，成为她的忠实伙伴，并渐渐打开她的世界。从此，Iris 的所有活动都有小猫的参与，就好像，小猫是 Iris 与这个世界沟通的桥梁。毫无疑问，小猫减轻了 Iris 的孤独症，让她不再极度焦虑，当 Iris 必须要做很不喜欢的事情的时候，小猫一定会陪伴左右。后来，Iris 的生活渐渐平静了下来，她喜欢上了画画，每当她画画的时候，小猫就静静地躺在一旁。

Iris 在小猫的陪伴下，通过绘画与这个世界对话，我们都曾听说过，自闭症的孩子是真正的天使，上帝给了他们无与伦比的潜能，他们通常比别的孩子更具有创造力，在他们创造的世界里，美好直抵人心。Iris 的绘画作品便是如此，似乎带着空灵的声音，带着异世界的力量，慢慢被这个世界平凡的人们认识。她的作品被世界各地的收藏家珍藏，因为它们的美好与纯净，这些收藏者中，不乏大名鼎鼎的安吉丽娜·朱莉。

Iris 开始走出家门，到世界各地去旅行，对她而言这是非常了不起的自我超越，是一辈子的转折点。在此之前，她是一个只有小猫陪伴的自闭症儿童。Iris 感动了很多人，尤其是有自闭症孩子的家庭，似乎生活突然有了希望。

小昭是我身边唯一一个患有自闭症的孩子，今年已经五岁，在听到Iris的故事之前，他的爸爸妈妈也一直在努力，帮助她治疗。我记得当时他妈妈看了《海洋天堂》之后，每天都带着小昭去海洋馆。在南方的这座小城，海洋馆的门票不菲，小昭的父母为了能找到孩子与外界联系的那条纽带，几乎把所有的时间都花在了陪伴上面。除了海洋馆，小昭经常被带去的地方还有很多，宠物店、博物馆、美术馆……

小昭妈妈说，有时候会觉得小昭的眼神像极了街上走失的流浪小孩，自由，却又不自由。她深信小昭一定有着不同寻常的“能力”，他的内心一定有个五彩斑斓的世界。她能做到的是不离不弃的疼爱和长情的陪伴，而她这一生的责任，不仅仅是守护，更重要的是为小昭找到那扇通往世界的大门。

是的，在我看来，这个世界没有什么比出于爱的坚持更美好的事情了。

（五）

你可曾想过，一轮红日冉冉升起时，身后正有一片树叶翩翩落下；一见钟情两情相悦时，无数段情缘正在擦身而过；无数人赞美过你年轻时的容貌，却只会有一人能宠爱你到白发苍苍……

朋友陈珊说，已经不记得是几年前的事，妈妈开始用染发剂了。原本不够浓密的头发，随着这几年染发剂的再度损伤，妈妈的头发已经稀疏得不成样子。她劝过妈妈，不要再染头发了，妈妈总是笑着说，不染怎么行，走出去像七老八十的，跟你爸走在一起一点都不协调，跟你们出去也不成样子嘛！

她看着妈妈的白发，心很痛，却也很理解。以前每年从北京回家过年，妈妈都会找个时间让她帮忙染头发，她总是笨手笨脚，不是弄到妈妈的额头上，就是染到耳朵上，要清洗好半天才能冲干净，妈妈就一直那么低着头，似乎很享受这样私人的时光，而她早已两眼酸涩，每一次都硬生生地把眼泪憋回肚里。

陈珊走进了三十岁的门槛，常常偷偷把家里的相册翻出来，一页一页地认真看，回忆着每一张相片里的故事，感受爸爸妈妈青春时候的过去。是的，我们每个人的爸爸妈妈都曾年轻过，美丽过，有过属于他们的美好的青春。她偶尔会听到爸妈谈起当年下乡做知青时的事情，都是关于快乐的回忆。爸爸是当时的文艺青年，喜欢弹吉他，每当夜幕降临的时候，一群人聚在火堆旁，开始嬉闹歌唱，当然年轻男生都有惹是生非的胆量，唱着唱着，就有人脱离队伍潜到农户田地里偷把菜捉只鸡，等到第二天受了损失的农民站在宿舍门口大声嚷嚷，他们却在里头一阵偷笑，然后扭头继续睡觉。

尽管清苦，但顽劣而自由的生活，依然让陈珊羡慕不已，于是对父母说，你们那个时候真好啊，比现在单纯很多，感觉也幸福很多。爸爸抿了一口酒，叹了一口气，说：“什么好不好的？你看我和你妈，结婚的时候连张结婚照都没有呢！”

一句轻描淡写的话，给陈珊心底沉沉一击。在如今的我们看来触手可及的一切，对爸妈那时候而言是怎样的一种奢望？能为他们做些什么呢？是不是要在他们还能走、能听、能看、能说时，去弥补当年的那些遗憾呢？

2011 年，陈珊和先生结婚了——在遥远的东北举行了婚礼，因为家里那只陪伴 13 年的老猫需要饲养，陈珊爸爸选择留在了南方，未能见到女儿穿婚纱的模样。这个理由看起来似乎很好笑，可想想，父亲是不是在逃避什么呢？陈珊曾经参加过无数次的婚礼，看到过无数牵着女儿走上红毯的父亲，或默默落泪，或低声哭泣。陈珊不知道是该庆幸还是遗憾，是该庆幸没有让爸爸难过那一回，还是该遗憾没能让父亲表达出那份情感，毕竟或许这样的际遇，一生中仅有一次。

婚礼过后陈珊和先生回到了自己的老家，第一时间找了家影楼，带着爸爸妈妈一起去拍了婚纱照。她说：“记得那天化妆师一边给妈妈化妆一边说，阿姨年轻的时候一定很漂亮，妈妈笑得很开心，她转过身看了看爸爸，他只是默默地坐在一旁静静地看着，一会儿看看我，一会儿看看我妈，我笑话他说，老爸，今天你最享福了，可以跟你的大情人和小情人一起拍婚纱照了！爸爸抹了把鼻子，淡淡地说了一句，这辈子终于了了一桩心事。”

我们都曾在小时候被爸爸妈妈拥在怀里，我们的世界曾经只是有爸妈的那间屋子，后来我们渐渐长大，忽然发现这个世界好大，决定要出去闯一闯，直到有一天，我们撞得头破血流，或者满载而归，转头一看，爸爸妈妈还在原来的那间屋子里等着，他们想要的或许只是一个拥抱而已！

当你牵起他们的双手，会觉得妈妈的手还像小时候一样温暖，爸爸的手还像小时候一样有力，那时候他们在前你在后。而现在，是你带着他们去看看世界，去享受美好生活的时候了！

你必须精致，这是女人的尊严

上大学那会儿我们系有一门必修课是《文艺美学》，十几年后对于这门课我只保留了两个记忆：一个是趴在最后一排睡大觉，另一个是第一节课教授的开场白："你们觉得一个人长得漂亮和内在美好哪个更重要？"下面一阵嘈杂之后，忽然冒出一个男生的声音："一见钟情就是脸！"全场哄笑。教授推了推眼镜，淡定地说："是吧？！当然是长得漂亮更重要！你们谁敢说自己看人不看脸？找女朋友真不在乎长相的？以后走进社会，哪个面试官喜欢丑的？我知道，你们上今天这堂课之前的二十年，接受的教育都告诉你们，内在比外在更重要，但是今天从这里走出去之后，你们就要摒弃那些传统的固有的陈旧的观念，你们要用成年人的思维去考量，是不是内在就真的比外在更重要？当然，我也不是说内在不重要，因为长得漂亮就肆意妄行那也不是正常人干的事儿，我只是要你们明白，内在和外在同等重要，毕竟，我们的眼睛是看不到内涵这种东西的！”

教授的话在我的记忆中根深蒂固，从大学毕业到走入社会再到北漂十年，我对这席话的感受也越来越深。大多时候人们还在强调，不要过分关注人的外表而忽视了内在品质，但实际上我们不得不承认，如果无法经过长时间的接触，我们对一个人的认识和判断，还是更多基于视觉体系反馈的信息，也就是人们外在的表现，精致的妆容、健康的身形、得体的衣着、端庄的仪态，言语间的抑扬顿挫、举手投足间的微笑……正能量的外在表现无疑对人际关系产生着巨大的影响，有时候甚至是决定性的影响。

杨澜是大家熟知的著名媒体人和企业家，曾经看到过一则关于她的采访，她跟大家分享了当年身在美国打拼的一些故事，其中一则让我触动很深，常常拿来跟闺蜜们分享。

一九九五年的冬天，杨澜如果再找不到工作，灰溜溜地回国几乎就成了她唯一的选择。

她面试了无数的企业，却因为各种原因都没有成功，在一次面试中，面试官说她的形象和简历不相符，所以拒绝继续向她提问。

她低头看了看自己的打扮，明白是因为穿着问题，让人对她产生了质疑，也让自己失去了表现自我的机会。

这个时期，杨澜的房东是一位名叫莎琳娜的苛刻的中年女人，她规定杨澜每天必须在十二点之前熄灯睡觉，进入浴室不得超过十分钟，进出客厅必须穿戴整齐，不允许用家里漂亮的厨房做中餐，甚至要求在她有客人来访的时候，杨澜必须涂口红。

刚开始杨澜非常讨厌莎琳娜这种所谓的英伦女人的尊严，尽管周围所有人都说，莎琳娜是最好的寄宿房东。杨澜看不出她的好在哪里，并且当她很多次面试失败回来后，厨房里一点吃的都不会有。有一天，杨澜洗完头发，坐在床上一边翻看报纸的招聘信息，一边吃面包卷，当然，这肯定违反了莎琳娜的原则。

莎琳娜看到之后，立刻冲了上来，一把夺过面包和报纸，用英文大吼："你这个毫无素质的中国女孩儿！你滚出我的家！"杨澜忍无可忍，索性披散着头发，衣服也没换，裹上大衣就冲出了门。

杨澜觉得，在此前的二十五年，自己一直以非常优异的成绩和能力所向披靡，也从来没有人说她没有素质，她不能明白以貌取人在英国居然是一个正义的词语。这种遭遇对她而言简直就是对此前二十五年的人生观的彻底侮辱！

杨澜愤怒地冲进一家咖啡馆，又冷又饿。咖啡馆的人很多，侍者用奇怪的眼神把她引到一个空座位边，那是咖啡馆里唯一的空位。她的对面坐着一位英国老太太，看起来比莎琳娜更加讲究，就像伊丽莎白女王一样尊贵与精致。杨澜下意识地收起自己宽松睡裤下的运动鞋，眼角余光瞥见老太太裙子下穿着丝袜和漂亮高跟鞋的腿，以她这样的年纪，却仍然把高跟鞋穿得异常迷人。

在欧洲的很多高级餐厅，衣衫不整是会被拒绝进入的。如果不是因为杨澜冲出门时还披上了一件价值不菲的大衣，大概她也会被拒之门外。

杨澜暂时收起自己的愤怒，要了一杯咖啡。

侍者走开后，对面的老太太从旁边拿了一张便笺写了一行字递给她，是非常漂亮的手写英文："洗手间在你的左后方拐弯。"

杨澜抬头看她，她依然保持着优雅的姿势继续喝着咖啡，没有看杨澜半眼。

就是这样一个小小的机遇，杨澜忽然觉得，自己不被尊重是应该的。她第一次有点看不起自己，这样的打扮，是有多不尊重自己，以致让别人觉得我也不尊重她们。她又想起下午去面试时自己的日常便装，那是对一位高级经理职位多么大的不尊重！

当杨澜从洗手间再回到座位时，那位老太太已经离开了，那张留在整洁餐桌上的便笺上多了一句话："作为女人，你必须精致，这是女人的尊严。"

杨澜的最后一次面试，是一家知名的化妆品公司，她为了这次面试做了精心的准备，包括衣着打扮。她以优异的表现顺利进入了公司，而最令她惊异的是，她的上司居然就是在咖啡馆里遇到的那位英国老太太。

你必须精致，这是女人的尊严。其实英伦女性对待自己的态度是有底气的，她们需要在十二点之前睡觉，是为了让自己第二天精力充足，看上去才会有飞扬的神采；她们随时穿戴整洁美观，不是"女为悦己者容"，而是"为视己者容"，尊重别人才能换来别人的尊重。

英伦地区女性对外在的重视，自然是源于传统文化的沿袭，这和中国文化确实大有不同。受儒家文化的影响，中国传统文化对女性的要求更偏向内敛，当然随着时代的发展，尤其是紧邻日韩的风潮，很多中国女性已经开始慢慢意识到外在表现的重要性，尤其是在职场上我们看到了更多的职业女性，在妈妈圈出现了更多的魅力辣妈。

不得不说，这是一个张扬讲究个性的年代，但同时这也是一个待人接物要求更高的年代。拥有精致的打扮、有风采的谈吐，才能够在个性和共性之间游刃有余。关于美的重要性，已经不再是教授课堂上的理论指导，更是每一个女人重要的生活准则，贯穿生活的每一个阶段与每一个场合。优雅的外表带来的是一种坚实的后盾和严格自我约束的生活方式，它可以作为敲门砖，甚至成为必杀技。

前阵子流行一个短句——主要看气质。仔细想想，这“气质”一词也算是进步了，终于从看脸的时代走向了看气质的时代。“主要看气质”的出现，让外在和内在的双重元素形成了对等的关系。

外在的美丽基本上是上天所赐，能在二八年华惊艳众人，并不是一件离奇的事情，但要长久地保持优雅的外表也并不是一件容易的事。

说起来，在女人的一生中，大多数时候都是向往美的，希望自己能以最优雅的姿态展示在众人面前，但初为人母的那几年，似乎总是成为大多数女人生命的转折点。是为了孩子伟大地放弃自己的一切，还是努力学习更尊重自己多爱自己一点点？

外在是“辣妈”，内在是“贤妻”，我在怀孕前常常对朋友们这么说，也是我对自己升级为妈妈之后的小小期许。

然而实际情况是什么样的呢？每一个妈妈应该都曾经历过——带孩子就像是一个人的战斗，每天忙着给孩子喂奶，换洗尿布、洗澡、晒太阳，稍微大一点了要做辅食、带孩子锻炼，从早上五六点忙到晚上十一点，有时候连饭也忙得吃不上，是的，渐渐地，我也不能幸免地自甘堕落了。

从有了孩子的那一天起，妈妈们每天心里想的全是孩子，买衣服也都是给孩子买，买吃的也先想孩子喜欢吃什么……生个孩子傻三年，大多数母亲应该都知道这句话。

我原本是不信的，后来却发现自己的脑子一天到晚都糊里糊涂，休完产假回到职场，除了双倍的疲惫之外，毫无改观。

不知道是不是上天的安排，在孩子一岁生日那天，我在朋友圈发了一张和孩子的合影，也是生完孩子后第一次在朋友圈露脸。

一位平日里不常来往的客户忽然给我留言：你还是那个你，又不再是我见过的你，有了不一样的天然美丽，希望再见面时更有魅力。

这句话我看了良久，很是感慨，我还是我，但我还是原来的那个我吗？看着照片中的自己，身材肥了好几圈，苗条身材变成了大胖子，素净的脸上有了小小的斑点，鬓角竟也有了几根白发，再看看衣橱里各式漂亮的衣裙，已经很久没有穿过，曾经出席各种活动的职业装也都落满了灰尘。

我忽然意识到，是时候改变自己，给自己一段新的生活了。

改变，是一点一点努力让生活能最大概率恢复到从前的模样，买回从前喜欢的睫毛膏，把锁在柜子里的香水重新拿出来，睡觉之前做瑜伽敷面膜、不再吃掉孩子剩下的任何食物，不再纠结浪费不浪费的问题……每天都满怀期望。会在某一天，在镜子里看到两年前的自己，健康、美丽、正能量的自己！半年后，当我女儿好奇地摸着我的短发，开心地扯着我的衣裙咯咯直笑的时候，我感到无与伦比的幸福；当与久违的客户见面聊天的时候，油然而生的是自信和美好，生活好像又明媚了起来。

所以，还是那一句：你必须精致，这是女人的尊严。

所以，虽然你要带孩子，但你可以带她一起美丽。

所以，虽然你要顾家，但不要放弃自己的优雅。

所以，虽然你终将老去，但请不要忘记精致到底。

生活已经给了我们如此多的考验，所以，女人，别忘了爱自己！

生命中最深的爱与温暖

南方湿冷阴霾的冬季终于过去，几场春雨洒落，大街小巷的树冠都渐渐显出新绿，这也就象征着踏青时节的来临。

我翻看着日历，打算趁着春暖花开，约上三五好友，择一周末，到郊外散散心。

虽说是散心，几家人还是都带上了孩子，是的，不知道从什么时候开始，朋友之间的聚会再也没有办法去 KTV 唱歌，没有办法去酒吧拼酒，就算去茶坊安静地品一盏明前雨后，也成了奢侈的享受。

尽管孩子渐渐成了聚会的核心与主题，可是每一场聚会，我们都比从前更开心，因此也更期待和珍惜每一次的相聚。

说来也巧，几家人的孩子都是女孩，上下相差一两岁，优优是大姐姐，已经五岁；雨晨比优优小一点，四岁多；我女儿叨叨年纪最小，不到三岁，暂时只有做小跟班的份儿。

我们如约来到城郊的古镇踏青，在旅馆收拾好行李之后，便带着孩子们到镇上去晒太阳。

或许是常见面的缘故，几个孩子很快就打成一片，自顾自地玩开了，把妈妈们远远甩在了身后。

看着孩子们在古朴的村落间嬉戏，走在我们最中间的雨晨妈妈开口说：“你们看孩子们玩得多高兴啊，要是能多带她们出来走走多好，可惜我要上班，有时候周末还要加班，实在是郁闷！”

优优妈妈听了之后浅笑着说：“是该多出来走走，但是你也别老觉得上班不好，如果你不上班，做全职主妇，每天接送孩子去幼儿园，以后上小学了还得接着接送，一日三餐衣食住行都由你一个人照料，到时候你就知道有多累了！最重要的是，完全没有交际圈，朋友只会越来越少的……”

雨晨妈妈在外企做公关工作，平时朝九晚五，每天上班前把孩子送到幼儿园，下班再接孩子回父母家吃饭，吃完饭再回到同一小区租住的小屋休息。

雨晨妈妈的工作其实很辛苦，有时候遇到大型的项目，晚上出去公关应酬，周末组织执行活动的情况也是常有的。

再加上孩子年纪尚小，又必须要她亲自照顾，所以她常常累到睁眼都能睡着，就这么三四年，眼角的鱼尾纹再也掩藏不住。

曾经无数次，她都想要放弃工作，选择如优优妈妈一样做一位全职太太，可就是一直下不了决心。

而优优妈妈又是另一个极端，她从怀孕到现在优优五岁有余，一直都在家全身心照顾小孩，就算亲爸亲妈公公婆婆都抢着照顾优优，她也丝毫没有放手的意思，每天孩子上幼儿园去了，她就在家做做家务、收拾收拾，后来实在憋闷了，就学人家开了微商，有一搭没一搭地做些小生意，可能是离开职场太久的缘故，失去了紧迫的环境，这生意也被她做得入不敷出，每个月算账都赔上些小钱。

久而久之，微商她也懒得做了，只顾在家浇花养鱼，提前过起了老年人的生活。

从家境上看，雨晨家和优优家其实都属于同一水平线，不是多么富贵权威的家室，细说起来连中产也算不上，只不过少一人赚钱也还能保持一定的生活质量，大抵如此。对于多数女人而言，优优妈妈的生活都是令人羡慕的，这也不怪雨晨妈妈心有所动。

优优妈妈说完，我们都没有接话，这样的话题我们讨论过很多次，现在俨然谁也不想再深究了。

此时，原本跑在前头的优优忽然折返回来，一把抱住她妈妈的腿，嚷嚷着要抱抱。

问她为什么，她说自己跑累了，不想走了。优优妈妈叹了一口气，也没多说什么，弯下腰把五岁的女儿抱了起来，看得出她抱得很吃力，可是眼神却透着无比的温柔。

优优靠在妈妈的怀里，满意地咯咯笑了几声，朝还在前面跑跑跳跳的雨晨和我女儿叨叨喊着："你们慢点跑啊，等等我妈妈呀！"

看到这一幕，我和雨晨妈妈相视一笑，我们早已见怪不怪了，甚至是叨叨都已经习惯了。

记得第一次聚会结束，在回家路上叨叨问我："妈妈，优优姐姐是不是不喜欢跟我和雨晨姐姐玩？为什么她总是要去找她妈妈呢？"我摸了摸女儿的头，说："优优姐姐只是习惯了妈妈在身边的生活。"这样的回答只是应付罢了，因为我也不知道该如何做出答复，幸好叨叨并没有追问下去。

其实优优妈妈也是有苦恼的，优优在她时时刻刻的照顾下，且不说自理能力如何，单是依赖性就比大多数同龄孩子大很多，小脾气也是越来越大。

就拿上幼儿园来说吧，优优自然是不喜欢去的，好几次上幼儿园之前都跟爸爸妈妈发脾气，跟她讲道理，她就正儿八经地说："那妈妈不是也都每天在家吗？为什么她不像其他妈妈一样去上班呢？哼！"此话一出，优优妈妈也是无言以对。

后来优优妈妈跟我们说起这个故事的时候，只当是个笑话一样地讲着，我心里却比她更不是滋味，忽然觉得，所有母亲与子女间的缘分，都是从这些夹杂着尴尬、欢喜、心疼，甚至是悲哀的关系开始的吧。

相比之下，雨晨虽然比优优小一岁，却是个体贴懂事的"大"女孩。

女儿叨叨更喜欢雨晨这个小姐姐，出去玩的时候总是在她身边转个不停。

孩子们玩闹戏耍的时候，叨叨因为年纪小常常摔跤，雨晨会马上跑过去扶上一把，再替妹妹拍拍裤子上的灰，摸摸妹妹的头，说："妹妹乖，不痛不痛啊！"路上遇到可爱的小挑战，比如树坑之类的障碍，雨晨会自己先跳过去，再转过身朝叨叨张开双手说："妹妹快来，你试一试，加油呀！"

看着夕阳下雨晨和叨叨牵手奔跑的背影，再看优优在妈妈怀里灿烂的笑脸，我无法判断究竟谁更幸福，谁的教育是成功的，谁的教育是失败的。

走着走着，忽然想起前些日子看到的一则新闻，大概讲的是美国哈佛大学商学院的研究者分析发现，与全职妈妈的女儿相比，职场妈妈的女儿在成年时更容易找到工作，工作时间更长，薪水也更为丰厚，更有可能做到管理岗位，而且认为，职场妈妈为女儿树立了非传统的性别角色模式，会让孩子以更为平等的观点来看待性别。

换句话说，就是职场妈妈的女儿更成功。

对于职场妈妈的榜样作用，会不会影响到女儿之后的职业发展，会不会得到更多的薪水，我无从考证，不过我想说，大多数职场妈妈虽然工作辛苦，但同时可以带给孩子非常多社会化的信息，从社交方式到言行举止等各方面，引导孩子正确看待身边的成人世界，理解成人社会的生活状态和方式，在自己同龄孩子圈里更容易掌握主动，随着孩子年龄的增加，他们也能更轻易地融入社交网络。

对于女孩子而言，妈妈的职业化、责任感和社会担当，一定会在她内心种下“我要努力”的种子，长大以后努力不被男生比下去，努力不靠男人也能生活得很好。

或许有妈妈会觉得，这样会不会让女儿太要强，可是你回头想想，生活有没有因为你是女孩子就曾对你怜香惜玉?

如果你想看到更大的世界，会不会有人因为你是女孩子就让你无票通行? 我想，答案不言自明。

走着走着，思绪被孩子们的笑声拉回现实，望着这一路盛开的油菜花，看着叨叨在我眼前欢呼歌唱，我知道，这是上天赐予我的最好的礼物。

同为职场妈妈，我何尝不想每天都牵着女儿的手，远离城市繁杂，走在乡间的小路上?

可是生活毕竟是现实的，现在追寻的快乐，未必真的能带来长久的幸福。

此刻的我，唯愿能成为女儿最靠谱的榜样，或许这才是生命中最深的爱与温暖，就算鱼尾纹再也掩藏不住，那也是幸福的年轮。

当巨蟹座遇上双鱼座

自古婆媳多不和，我想，这世上多数家庭的主要矛盾，大概也莫过于此了吧。

二十几岁谈恋爱的时候就有朋友告诫过我，说选男友的时候也要选婆婆，要不然以后的日子可就不好过了，我常常不屑一顾，回击说爱情婚姻是两个人的事，只要那个人对了，其他都是 OK 的。晃眼到了三十岁，身边结婚生子的朋友越来越多，生活的圈子也慢慢发生了变化。忽然有一天我陡然意识到，原来是真的，身边很多男朋友女朋友原来真的都生活在婆媳不和的水深火热之中。

当然也有例外，我唯一的男闺蜜的“水深火热”就与众不同，他竟然常常被媳妇和老妈联盟搞得痛并快乐着，俨然成了家里最被“嫌弃”的那个人。巨蟹座男闺蜜的双鱼座媳妇，结婚前我见过不止一两回，天生是温柔体贴的，会说话，会撒娇，会逗人开心；男闺蜜的处女座老妈，我也是见过的，持家有道，精明干练。话说这两个人性格是大为不同的，不知道为什么，婆婆和媳妇却能彼此收起骨子里的倔强，结为联盟。

说起倔强，这两人的倔强也是大为不同的，双鱼座媳妇的倔强，带着甜蜜的杀机，软磨硬泡让人不得不妥协，当然这一招通常只对男人有效，轮到婆婆这里，她也明白，事不过三，第四次就不管用了；处女座婆婆的倔强，是不打折、不返利，更不容许讨价还价的，像一道从天而降的符咒，必须马上立刻服从就对了。这样的两个人，能一直相处在蜜月期，实属不易，并且联盟也就罢了，婆媳俩似乎还上了瘾，乐此不疲，这可苦坏了男闺蜜和他老爸，刚开始两人还能见招拆招，渐渐地都难以招架了。

巨蟹座男闺蜜被婆媳联盟驱逐出境的那天是他的生日，被无情抛弃之后的他怏怏地跑来跟我诉苦，我倒也好奇他们家这婆媳联盟的故事，把他让进屋里，没想到故事一讲起来就一发不可收拾了。原来男闺蜜的老妈早上特意打电话，让他下班直接回老屋，老人家准备了长寿面，等他们小两口回家一起庆祝。其实男闺蜜对过生日这种事情并不感冒，又老了一岁嘛，为什么还要假装很开心呢？！不过老妈的吩咐是不容置疑的，他满口答应下来。挂完电话这一秒之前，这个世界还是朝着平静的方向发展的。然而，估计是一个引力波悄悄地击打了一下他的脑袋，他竟然在下一秒开始，直到晚上下班，都忘了跟双鱼座媳妇交代。

白天一日无事，临下班男闺蜜接到媳妇电话，说准备了烛光晚餐，他才想起来已经答应老妈回家吃饭，虽然直觉现在说实话肯定会被打，但木已成舟，临到此时要再编个谎话，说出来连自己都不信，于是他只好硬着头皮把事情的原委告诉了媳妇，当下，双鱼座媳妇倒也大度，娇滴滴地说“那就去老妈家好咯”，听得男闺蜜简直感激涕零，挂了电话就往老妈家飞奔而去。

到了老屋，刚进门就被老妈劈头盖脸地一顿责难：“这么大人了，做什么事儿你就只顾你自己啊，你媳妇给你准备了一桌饭，说不吃就不吃，你以为女人就该为你们男人做饭啊！你什么时候才能长点记性……”男闺蜜环顾四下，却不见媳妇身影，他老妈一边数落着一边端过来一碗长寿面，催着他赶紧吃了回家，男闺蜜左右为难，想了想，拿起电话拨了过去，却是关机。他心说不好，面色上有些尴尬，嘴上不说，赶紧吃了面就往家里赶。

男闺蜜坐在我家沙发上大倒苦水：“我在我妈家吃了饭，实在是不敢多待，赶紧往家赶，你猜怎么着，她压根就没回家！后来我才知道，她就躲在我妈屋里看我笑话呢！你说她们娘俩这是演的哪一出啊？今天是我生日，又不是愚人节！”

“你怎么知道她在你妈那儿？！”

“我进屋之后看到她给我留的纸条了，说这是给我的小小的惩罚！说今天晚上她在我妈家住了，让我自己解决吃饭问题……”

“你怎么不回你妈那儿？”

“我回去了呀，他们出去看电影了！说是给我过生日，他们要开心一下——我爸告诉我的……”

我看了看男闺蜜的囧样，捂着嘴想笑又不敢笑，心想，别人家里婆媳都吵得不可开交，他家婆媳联盟却是让人羡慕不已！话说回来，男闺蜜的双鱼座媳妇能把婆媳关系处理到如此境地也是下了不少功夫的。

早先我就听说过，不管婆婆大病小病，就算是一点小感冒，她都不离左右，端茶送水，如果上班照顾不到，下班也第一时间去探望；不管是小长假还是黄金周，她都会安排出几天时间和婆婆“约会”，带老人家去逛街、看电影、下馆子，某种意义上，她是把婆婆看作忘年朋友在相处；在和婆婆意见相左的时候，双鱼座媳妇的撒娇本领也是一记必杀，当然也有撒娇不管用的时候，此刻媳妇绝对聪明地马上低头道歉，这之后的事情，总会有别的方式去解决，绝不发生正面冲突，这是原则。

其实不管是哪个年纪的女人，都是一切皆有可能的物种，但是她们往往并不太清楚自己会有什么样的可能。很多时候，即便已经有很强势的主观意见，她们也同样需要别人更多的支持，同时，女人是感性的生物，在这个时候，每个人所说的每一个字都异常重要。婆媳关系，好与不好，常常就在唇齿之间。

有些事情只是我们想得太难，其实真的很简单！

的确，我们必须承认，婆媳不是母女，因为没有血脉传承，因此也缺乏容忍与体谅；同为女性，更是多了一份天性中的对立，所以大多数婆媳关系都是敏感而尖锐的，对于周旋其间的男同胞而言，这或许是生活最为煎熬的一面，所以他们往往都需要具备超级强大的抗压性和容忍力，怀揣各种极端问题的解药。其实煎熬的时候，偶尔采取一些中庸之道也未尝不可。

“不偏之谓中，不易之谓庸”。中庸之道一度被人们认为是“和稀泥”，其实这是一种误解。孔夫子的“中庸”是“中和”的意思——当两方面产生了不同的意见，应该想办法让它们融合，保留对的一面，放弃错的一面。但是话说回来，婆媳关系中男同胞充其量也就是润滑剂，一切问题的关键因素还是在于女人们的想法，就像男闺蜜的双鱼座媳妇之前说的，很多事情无关对错，对了又怎样，错了又怎样，当你的快乐和任性触碰了别人的底线和规则，你不在意，就意味着默认别人也可以用同样的方式来对待你，这不是恶性循环吗?

我有很多女朋友都已嫁为人妇，她们在事业上精明能干独当一面，在小家庭里上得厅堂下得厨房，在大家族里为人处世大方得体，私下和朋友们在一起更是懂得享受，懂得“偷懒”，懂得生活，并不是她们的生活就毫无矛盾，而是她们懂得在不打破任何人规则的前提下，化解矛盾。说得直白一些，女人在家庭关系中，很少有人善于运用中庸之道，多半都是只站在自己的立场，剑走偏锋，钻牛角尖。但优秀的女性一定懂得在家庭关系中，游刃有余地转换各种状态，所以如果你看到一个女人婚后变成另外一个人，不要意外，这只不过是因为她嫁进另一个家门，开始出演另一个角色。

其实在现实生活中，我们并不一定要为了守护自己的规则，而刻意去破坏别人的规则，尤其是婆媳之间，很多事看得淡了就真的淡了，看得小了就真的小了，太放在心上，只会让自己觉得沉重。要知道，同在屋檐下，凡事有度，过犹不及，中庸之道，分寸之间。

安全感，从来都是自己的事

和小艾认识很多年，从相识，到共事，再到一起旅行又分开。

在外人看来，小艾是个彩色的姑娘。春天的时候，她喜欢背着大大的单反相机跑去百里以外的山村拍萌发的树芽；夏天的时候，她喜欢拖着波西米亚长裙在后海边撒欢地跑；秋天的时候，她喜欢在银杏的落叶余晖里弹着吉他唱情歌；冬天的时候，她喜欢踏着街上的落雪在偌大的城市里飘游，漫无目的地寻找，至于寻找什么，她自己也不知道。

熟悉她的人，都叫她问题小姐。问题小姐的生活其实没什么问题，只是说话的时候，一个问题总要问三次。

“我今天这件衣服好看吗？”“挺好的呀！”

“真的好看吗？”“挺适合你的！”

“真的吗？”“嗯！”

……

“这瓶酸奶还有一天到期我喝了不会中毒吧？”“不会。”

“真的不会？”“你试试就知道了！”

“你确定不会？”“我喝给你看！”

……

“我做的菜好吃吗？”“不错。”

“真的好吃吗？”“真的！”

“你不是安慰我的吧？”“我吃完了。”

……

很多人受不了问题小姐的问题强迫症，从被吸引、靠近，到渐渐与她疏离，总不需要太长久的时间。可问题小姐似乎并不怎么在意，只是在生活不顺心时，不停地换着工作、换着城市、换着朋友。她说喜欢新鲜、喜欢变幻，可生活却总是一成不变；她说她没有安全感，想要安定下来，却又害怕安定后的寂寞；她说在夜幕下的城市背景中，不知道哪盏灯是为自己而亮；她说她不停地问问题，只是为了找到一个确定的答案；她说她常常看不到初升的太阳，因为被工作的忙碌和疲惫麻醉了一整晚——都是自我的。

其实这样的感觉我曾经也有过，只是没有问题小姐那么执拗罢了。多年以前，我着了魔般从北京到上海生活。上海和北京是风格迥异的城市，上海本地人依旧会说吴侬软语，像唱戏似的，好听倒好听，可惜于外地人而言是极具距离感的。每天下班之后，我总是独自坐车回到住的地方，因为刚去，人生地不熟，历经过无数次上错车下错站，或者拐错弯走错楼。时间久了，无力改变，心绪也就变了，越来越不愿回到住的地方，不愿意一个人面对空荡荡的封闭空间。然后开始去改变，去参加各种社团，加入旅游团做背包客，去健身去学瑜伽……可是，我依然感觉不到心安，或许，这座城市不属于我?

多年以后，成了家立了业，回头再想想当时的自己，那些青葱岁月里所谓的安全感，是多么可爱的幼稚念头啊！而真正的安全感，从来就不曾离开过我们，从来不需要到处寻找，更不需要向他人讨要。一切随时光变迁，冥冥中自有安排。

尽管生活有那么多瑕疵，小艾终究还是个可爱的姑娘，身边不乏出众的爱慕者，然而大多数人都无法忍受她的问题强迫症，纷纷离散。时间最长的相处坚守了两年，我们曾经戏称那个他是“天生受虐狂”，其实没有半点嘲讽的意思，是从心底觉得，或许这次小艾能找到一个靠谱的归宿了。可惜人生就是那么无厘头，当我们一群人都以为问题小姐终于可以解决问题的时候，小艾在婚礼当天逃走了。

如果不是亲身经历，我大概一辈子也遇不上这种韩剧里才有的狗血桥段。当婚车开到酒店门口的时候，小艾已经身在通往遥远北漠的火车上。然而这一次，她没有留下问题，没有再问“我要嫁给他吗”“真的要嫁吗”“确定已经就这样生活下去了吗”；这一次，她跟青涩的自我做了告别，我想，她终于想通了一些事情吧。

后来我在南方的城市定居了，小艾依旧单身，在遥远的北方继续居无定所。我的安全感变得越来越简单，或许只是每个月某一天银行卡里还会有工资入账，或许只是下雨了没有带伞却恰巧有个避雨的报刊亭，或许只是入产房之前知道家人时刻在等候着小天使的降临，或许只是喝醉了酒还能有个可归之处……

而经过那一次奇迹般的“重生”，小艾也越来越少提到孤单说到不安，她的朋友圈开始有了温暖的颜色，虽然还是一个人。她说，现在的自己，不再需要抱着枕头才能入睡，不再需要开着小夜灯直到天明，不再沉迷于各种甜言蜜语，不再偏爱有口袋的衣服，不再一个问题问三遍……我常常默默地替她点赞，多余的话不说，因为我知道，她找到了自己想要的安全感。人终究是要长大的，不管哪一种生活，经历多了，心里就安稳了。

以前的我们，一直以来都在别人那里寻找着安全感，却忽略了自己的内心。后来的我们，在岁月的洗涤中慢慢感受着，忽然有一天，发现自己面对孤立无援的窘境时不再惊慌失措，发现自己学会在职场上尊重他人的选择，学会了在朋友间温柔地注视和倾听，学会了在事业上埋头奋进不做他言……

安全感，真是个难以捉摸的命题，它不受遗传基因控制，也不存在性别的差异，可是现实生活中，女人往往看起来比男人更需要它。细想想，像小艾一样的问题小姐或许还有很多，她们不够坚强却倔强地伪装坚强，她们输不起却一次又一次地摔倒在同一个地方。但女人终归是女人，不论是从心理依赖性还是经济角度来说，在处理问题和进行选择的时候会比男性更患得患失。大多数情况下，女人们总会在男人身上去寻求某种安全感，但显然这种安全感并不能作为持久的支撑。

只有经历过后，转身再看，才会发现其实安全感并不是无解的试题，想得简单一点，再简单一点，得出的答案也很简单。

是的，安全感，从来都是自己的事！

安全感是舍我其谁的自信与坚定，相信自己拥有足够的能量掌控命运，对未来拥有美好的希望和坚定的信心；安全感是闲云野鹤的禅心与宁静，宁静到随时随地可以听见自己内心最深处的声音，清楚地知道自己最初的想法；安全感是尘埃落定的从容与安稳，不再遇到风吹草动就草木皆兵，无论是前进或后退，都姿态傲然。

而这一切都是时光和经历赋予每一个人的人生财富，偷不来，抢不走，求不得，也舍不掉，只有内心足够强大，你才真正有安全感！

这世上又多了一个人爱你

八十年代出生的人，天生自带独特的时代烙印。我们的爸爸妈妈那一辈，因为国家政策的鼓励，兄弟姐妹众多，我们在七大姑八大姨叔叔伯伯们的各种琐事中慢慢长大，然而同样是国家政策的转变，让我们这一代不再拥有哥哥姐姐弟弟妹妹，于是我们在七大姑八大姨叔叔伯伯们的各种琐事中，孤独地慢慢长大。

记得上中学那会儿，班上的女生总是幻想自己能有个哥哥，在自己被欺负的时候会有那么一个人帅帅地挡在自己前面，指着对方说："有种你过来啊，看你以后还敢不敢欺负我妹妹！"换作男孩子，又都想要一个妹妹，最好是漂亮的妹妹，走到哪里都带着，遇见人就拍着胸脯说，看，我妹漂亮吧！

我先生无聊的时候也问过我，想不想生二胎？我说，随缘啊！他又说，我不想，我怕我对女儿的爱会分走一半。我说，但是，这世上又多了一个爱她的人啊！

是的，从小就希望有个伙伴的八十年代生人，多么希望自己的孩子从小就不再孤单。

自从二胎政策正式开放之后，关于“生不生二胎”自然而然成了朋友圈子里必不可少的头条话题，闺蜜见面、朋友见面，不管什么场合似乎都抢着要把这个问题拿出来讨论讨论。我身边的女朋友们也未能免俗，只要聚到一起就一定是场“二胎政策分析会”外加“二胎故事交流会”。对于我这个对二胎问题一直抱着“随缘”态度的妈妈来说，听得多了，倒是看得比几位焦虑的女朋友们更透彻一些，其实支持也好，反对也罢，各有说辞，也只能求同存异。

小雅是我女朋友中目前唯一一位儿女双全的妈妈，当然，她的小儿子是在二胎政策正式出台之前就降生的，在我们羡慕嫉妒恨的各种调侃中，她总是很负责任地对我们言传身教。小雅是传统意义上的高学历高能力女性代表，高二的时候就被“狠心”的爸妈直接扔出了国，说扔出去并不夸张，因为当时的她真的是仅凭高中英文水平一个人坐飞机去了加拿大。尽管家境不错，但她父母每个月仅给她刚刚够用的生活费，其他一切零用开支都得她自己打工来赚。小雅毕业之后选择了回国，进到一家知名金融咨询公司，同时认识了现在的老公。两人的收入加起来算是中产阶层的水平，两人也是门当户对，于是很顺利地结婚生子。

小雅生大女儿的时候只有二十六岁，大多数同龄人在这个年纪正不停地换着男朋友。大家常
小雅因为这么早生孩子错过了太多独属于年轻人的精彩，而她和她老公并不觉得遗憾，两个人配合默契，两边父母也都默默支持。小雅从女儿身上体会到为人母的快乐，比我们更早领悟到，女人这一生，真正的快乐并非事业的辉煌，而是能够细心陪伴孩子慢慢长大。

和孩子在一起的时光，也是属于自己的时光，小雅乐在其中。在大女儿三岁的时候，小雅和老公商量，决定再要一个孩子，最好是男孩。他们一起畅想着带着儿女在海边堆沙堆，在森林里骑大象，在原野上飞奔，在大床上睡懒觉……

当然，作为精算师，在此之前，他们对未来的生活也做了详细的测算，小雅担心自己精力不够，

她老公就做了一张时间规划表和两人的分工表；小雅担心身体吃不消，她老公就说，要学会化繁为简，或者苦中作乐，把带孩子当成任务当然累，不如当成亲子游戏，大概会开心很多；小雅担心经济压力会很大，她老公又做了未来五年的开支预算表，详细到月，让她安心，还说大宝的东西不是还可以给小宝接着用吗？于是，如愿以偿地，小雅的小儿子出生了，然而就是从这一年起，小雅的生活也被彻底改变了。

姐妹们聚到一起聊二胎的时候，小雅一定会优雅地给我们讲故事，因为她有足够的经验和大家分享，我们也乐得听一听。她说自己生了小儿子的头两年，简直被两个“小魔头”折磨得体无完肤。姐弟之间争风吃醋的事情是家常便饭，家里几乎每天都会上演一场姐弟大战。弟弟摔倒了，她上前抱一抱，姐姐就会跑过来往她怀里钻；给他们讲“孔融让梨”的故事简直就是对牛弹琴，任何一件东西任何一份食物，他们都会强烈要求公平公正公开，就连弟弟喝的奶粉姐姐也要喝上两口，这常常令小雅哭笑不得。“问题是大多数时候，我完全没办法做到姐弟俩都同时拥有，他们必须要做出选择啊！”小雅说。想一想的确是这样，最简单的情况就是，当我们手里只有一枚糖果，而两个孩子都吵着要吃的时候，考验的就是大人了。

“还好我老公替我分担了不少，一边照顾孩子一边还要做家务真是不简单。后来实在照顾不过来，我就回家做了一段时间的全职主妇，这个你们也是知道的，当初大的刚上幼儿园我就接着伺候小的，终于熬到小的也上了幼儿园，大的又要上小学，我再出去找工作一切从零开始，没办法，我也只能认了。孩子是上天派来的天使，可是为了伺候天使们，我们也要在人间付出相应的代价，怎么权衡天使带来的乐趣和自己想要的生活，大家还需三思而后行。”

小雅的一席话全是实战经验，我们也无力反驳。细想来，现在大家对二胎的态度其实大多是“想生不敢生”的状态，如果说生孩子会影响生活品质，那么生二胎真的会改变生活轨迹。面对二胎政策，大多数朋友还是非常理智的，且不说经济实力是否达到可以再要一个的标准，单说在时间规划、家庭关系的处理上，就有很多功课需要做，而且必须做在前面。

小雅生小儿子的时候，大女儿毕竟才三岁，小雅对生二胎会给生活带来巨大影响的意识并不鲜明，但因为喜欢孩子，也没有抗拒生二胎。大家应该不难发现，自从二胎政策出现之后，令人哭笑不得的新闻和段子便层出不穷，很多老师还用这个主题作为作文作业布置下去，结果收上来的作文让大人们啼笑皆非：

如果妈妈生了二胎，吃的食物要两个人分，我将吃不饱，多买食物又浪费钱；衣物也要多买，多花钱；爷爷姥姥也更忙更累了。

如果妈妈生了二胎，她会更爱弟弟妹妹，她会不会看不到我了。

妈妈你有我一个，就顶俩了，你不用再生了……

童言无忌，童言可畏。我的很多妈妈朋友们犹豫是否要二胎，也是因为怕影响到另一个孩子的成长，包括小雅，已经有了两个宝贝，也很头痛孩子们的关系。其实我想说，或许很多事情是我们大人想太多，却做得不够，或者不去做。事实上，不管是否要第二个孩子，我们在第一个孩子出生之后，就应该让他们懂得分享，懂得分担，懂得付出总会换来快乐，虽然“独乐乐不如众乐乐”这样的道理孩子们听不懂，但是你教会他把一包糖果分享给小朋友们吃，这样的事情并不难。俗话说习惯成自然，当分享成为孩子们意识中理所当然的习惯，你争我斗的事情想必便不会发生了。

说到这里忽然想起自己四岁左右的时候，在幼儿园和小朋友争夺玩具木马，我争不过，就把木马一推，砸到对方的脚上。因为是夏天，小朋友的脚丫顿时红了一大片。她的哭功真的很厉害，一下子就把老师引过来了，平日里我是个不争不抢的乖孩子，那天也不知道为什么就是想争口气似的，执拗起来。老师看到这个场景，没有责骂我，只是严肃地跟我说："你看，本来可以一起玩的，你们为什么要争？等一等又没关系，总会轮到你的呀！再说了，就算玩不了也没关系，你伤到小朋友就是你的不对了！"这句话和周星驰那句"就算砸不到小朋友砸到那些花花草草也是不对的"一样，对我此后待人接物的态度产生了巨大的影响。

认真地和小朋友沟通，是父母们必须要做的事情。当你告诉他们，如果有了弟弟妹妹，就会多一个小伙伴；当爷爷奶奶爸爸妈妈老了，可以多一个人一起照顾大家；如果他有了好吃的、好玩的，也会跟你一起玩……当然，在未来对待大小宝贝的问题上，希望尽量不要厚此薄彼了吧，要尽量给予平等的爱。

如果你能做得到认真地对待和沟通，你将自内心发现，不再惧怕直面"四老两小""经济能力"和"时间管理"等各种问题，如果你真的想再要一个宝贝，你就应该有足够的勇气去面对问题和解决问题。反之亦然。

大家问小雅，生活这么累，你后悔过要二胎吗？她每一次笑得都很明媚："当然不，我们之前畅想的美好都实现了，他们姐弟之间的温暖，我们永远都看不够啊！"

梦想家与梦想“家”

前些日子，因为项目常常加班的关系，我们部门没有办法按时回家，平日里下了班就会去接小朋友的田田，现在只好让小朋友暂时在爸妈家蹭吃蹭住。那几天每天加完班，田田都会第一个冲出公司大门，那时候，天光都已经彻底暗下去，然而夜幕的降临并没有影响这座城市的生机，一路归家灯火辉煌，并不冷清，是的，在南方的这座城市，此时生活才刚刚开始。

灯火恍惚，人也恍惚，田田坐在公交车上，和我聊起十年前的她，我才知道，她和我一样，都曾经怀揣过热切的希望，去北方的城市漂泊。她指着窗外对我说，大学刚毕业那会儿，这个点儿应该是出门赴各种约，和狐朋狗友厮混到凌晨两三点，在路边吃上一顿夜宵，再缓缓地回家睡觉。她情不自禁地笑了笑，时间偶尔也会把没心没肺的人历练得成熟稳重起来，从来没想过，十年后的自己，像是忽然变了一个人，从各种应酬聚会中抽身而出，不再急匆匆地往外跑，而是急匆匆地往家赶，因为心中有个牵挂。

“世界这么大，我想去看看”，女教师的辞职信红遍了大江南北，当身边每个人都在跟田田谈论“辞职去看世界”的时候，她也辞职了。从打算辞职到最终离开回到老家，在只用了短短三个月。很多朋友都很惊讶，大家问起来她总是会耐心地解释说，到了这个年纪，想要照顾好年幼的孩子，想要照顾好年迈的父母，想要让自己生活得简单，最不济，想要生活在没有雾霾的城市……

世界这么大，我只想回家。

其实结束北漂生活，需要的勇气甚至比开始北漂还艰难，最终让田田下定决心的，是一件令她一辈子都会愧疚的事情。原来，为了照顾小朋友，田田爸妈来到陌生的北方，2015 年春节的时候，一家人决定留在北京过年，感受一下北方的节日气氛。就是正月的某一天，田田带着孩子看完雪归家，看到母亲在哭，一种隐隐的不安从心里蔓延开来，试探着问她：

“老妈，你这是怎么了？”母亲抹了两把眼泪，“给我买回去的机票，快点！”

“好！”像是应激反应一样的，她都来不及问为什么，嘴上已经赶紧应下，一边开电脑上网，一边才顾上问问缘由。“你婆婆（姥姥）没了，本来三月份就到一百岁，我们所有人都以为她一定能活到一百岁……前几天你姨妈问我要孩子的照片，我还没来得及发过去……她还没见过孩子……”

田田脑子“嗡”的一声，眼泪瞬间就哗哗往外涌，噼噼啪啪地落在键盘上，因为常年在京的缘故，她和姥姥已经好几年没有见过，原本计划春暖花开时带着女儿回去给她老人家祝寿，没想到，时光从不等人，“姨妈前几天为什么不跟你讲？那个时候我们就都回去啊？！”

看到田田哭了，母亲哭得更厉害，却不再说话。田田说，前一天晚上母亲还在教外孙女说话：“姥姥是谁啊？姥姥就是妈妈的妈妈！”姥姥就是妈妈的妈妈，而妈妈和她妈妈天人永隔，只在一天之间。

机票很快就订好，田田的父母在北方的第一个也是最后一个春节，在悲伤中结束了。第二天，他们飞回了老家。三天后，田田的姥姥出殡。母亲的话很简短，在田田的心里刻下了一道痕，她知道这一别便是永远的事了；她知道，在女儿的记忆中，太姥姥只会是一张黑白照片和一座冰冷的石碑了。

因为这件事情，田田开始害怕了，害怕有一天接到这样的电话，害怕再见之后再也不见。就是这样，她真的辞职了，毅然决然地离开了工作了五年的地方，尽管内心对公司也是歉疚的，但无怨无悔。回到家乡之后，在很长一段时间里，她压抑得喘不过气。在南方这座城市，没有人有工夫跟她暖一壶清酒聊文学大家历史文豪，他们更愿意一周五天喝啤酒吃火锅研究土豪的八卦历史；没有人可以与她畅想文化的未来，他们更愿意凑一桌麻将赢个五块八块……她开始认真思索“感情用事”，放弃北京的高职高薪，到底值不值？每当看到她陷入困惑无法自拔，她先生就会开玩笑地说，送你两句老话：“第一句，存在即合理；第二句，既来之则安之。”“果然是顶级的废话，”田田笑着说，“但是每次都很管用。”

加班归家的路似乎比上班长了很多，大概是心中有了牵挂的缘故，连步行的速度都比白日里快了起来。我和田田道别，又走了一小段路，回到家，已过九点，轻轻推门进去，老爸老妈屋里的灯还亮着，听到我关门的声音，老爸从里屋走出来，指了指厨房说：“怕你饿了，给你煮了两个鸡蛋，在锅里自己拿来吃！”正说着，老妈也走了出来，径直走到餐桌旁，往我的水杯里加上热水。按照爸妈以往的生物钟，他们原本早该上床休息。我应和着他们的话，嘴上说着让他们赶紧去休息，然后走进厨房把鸡蛋捞了起来。其实并不是很饿，但我想，吃掉它，爸爸妈妈才会安心睡觉吧。

在外这么多年，我们很少顾得上在家里煮上一顿饭，更别提夜宵或是早餐。在我的记忆里，早餐好像是吃了十年的面包、豆浆以及鸡蛋灌饼，晚餐在小餐馆凑合，夜里饿了要么懒得起，要么忍着，实在忍不了就翻出一包泡面。鸡蛋并不是冰箱里的常备食物，对了，冰箱也不是家里的必备电器。在此之前的二十年里，早餐和晚餐都是爸爸的味道。爸爸在一九九五年下岗之前一直在餐馆里工作，做了几十年白案，包包子的手艺是我从小就叹为观止的神技能。我永远都记得他粗粗胖胖的手掌中间，一转一转地转出小笼包的褶子，小时候我总喜欢趴在案子旁边数包子的褶子，一褶两褶三褶……八褶九褶十褶……从上小学到初中再到高中，每天早上爸爸都会提前一个小时起床，收拾好一切，等我爬起来，他就开始给我做早餐。一碗面加一个鸡蛋，是那个时候我每天的早餐标配，一周五天上学，每天面条味道绝不重样。高三那会儿，每天都有晚自习，老爸担心晚自习之前那餐我吃不好，每天都等着我回家之后，再给我下上一碗面。他并不强迫我吃下去，只是说，饿了的话就吃点，我一边打瞌睡一边背课本，常常把面条的事情忘得一干二净，等打盹醒了，面也凉了，只好倒掉。

当我自以为长大成人后的日子，获得了年轻时期望已久的自由，我开始想方设法躲避老妈的唠叨，我开始对爸妈的电话感到不耐烦，我开始给爸妈设定专属铃声只为忙时不接他们的电话，我开始偷偷地朋友圈分组增加了一项只为不让他们看到我平时无厘头的牢骚，我还是慢慢习惯没有爸妈在身边的生活，直到有一天忽然发现，我失去了那些早餐和晚餐的温暖，陪伴竟成了一种奢侈。

关于家的温柔感，是多年前的自己不曾在意过的，关于家的感觉，也是经过岁月洗涤后的心，才能感悟到的。

不知道现在的高中语文课本里是否还有日本作家伊藤贡的那篇经典之作——《一碗阳春面》，在我上高中时，我们班在学校艺术节曾把这篇课文改编成了话剧，还得了一等奖，可惜那会儿，大概连参演的同学们都未曾真正懂得其中的深意吧。

除夕夜，万家灯火，不论平日里生活是艰难困苦还是殷实富足，在这个时节都会早早准备出一桌盛宴，迎接充满希望的新年。对于穷人家的孩子，这是一年中吃得最好的一餐。在北海亭家小小的面馆里，母子三人正津津有味地吃着一碗阳春面……课本后的阅读理解题，引导我们看出所谓的贫穷的力量，母亲的坚定、孩子们的渴望，还有面馆老板的善良和民族精神，然而那都是文字背后特有的深意，在不同的时代带着太强的时代烙印，回头想想，我们何必看得那么深沉，那不过是一位母亲宏伟的爱，用自尊和梦想保护着孩子们生活的信心，仅此而已，简单而纯粹，永不凋零的爱和祈祷。

小时候，总是不明白“别人家的孩子”怎么可以学习好、字写得好、长得可爱、琴棋书画样样精通，在父母口里，简直十岁就成了“人生赢家”；等我长大，“别人家的孩子”也都长大，留学的不论是移民还是海归，都是意气风发的样子，继承家业的，有足够的底气玩创业玩商业，在通往成功的路上横冲直撞，看起来，“人生赢家”依旧是别人的代名词。现在的我想，人生中最好的时光应该是和父母在一起。而这些时光，是他们拼了命用二十年美好光华为我换来的，我却不曾与他们分享过。而现在，我只是想，在别人追名逐利时，早点回家和爸妈看一台晚会；在别人繁忙社交时，早点回家吃一碗爸爸的面，在别人为了“人生赢家”苛求自己时，早点回家说一声“妈，让我来”！

你只是在假装很努力

薇薇是我在成都入职新公司后，最先招聘进来的女孩，毕业不到两年，曾经在广告公司工作过，入职的时候我问她，为什么从上一家公司离职？到底是年轻女孩，说到这个话题，她显得有些愤愤不平：之前在广告公司的时候，有个女孩和她同期入职，两人原本是不错的朋友，然而就在前不久，那位同事升职了，成为薇薇的直属领导。

在薇薇看来，不管从哪个方面来说，自己都比对方更用功更勤奋，如果要提升，也应该是自己更具有优势，她不知道领导为什么没有关注到。

"你为什么会觉得自己更有优势呢？"

“我每天都是第一个到公司，最后一个离开，每个月都是全勤，除了生病没有请过假，更别说迟到早退了，而她每天都晃晃悠悠的，来无影去无踪，一下班就找不见人。上班的时候，她也是十分悠闲的样子，一会儿喝咖啡一会儿喝茶的，我每天在工位上一坐就得三个小时，她得起来五六趟……”

从气质上来说，薇薇算是小家碧玉类型的女孩，说话的时候眼睛忽闪忽闪，透着南方丫头的灵气，就算是气鼓鼓地抱怨前同事，也是那么令人心生怜惜，让听者觉得定是前公司的不公，让女孩心生莫大的不平衡。

当然在我看来，她的抱怨或是偏激的，相信每个公司每位领导对员工的提拔都是通过认真的思考与分析，那个女孩一定有过人之处，更能胜任那个职位。当时我没有跟薇薇多说什么，综合考量下来，觉得可以给她一个机会，年轻人嘛，偶尔浮躁一些，也是可以理解的。

于是，薇薇成为我部门里的策划文案人员，负责大量的策划推广工作。渐渐地，我发现薇薇比起绝大多数同龄的员工，工作态度确实是最好、最认真、最细致的，然而也正是因为这种谨小慎微的状态，大大阻碍了她的发挥，大大限制了她的想法。

当二十几岁的人失去了年轻的活力，失去了天马行空的思维能力，失去了骨子里应该有的倔强与不屑，就像蝴蝶没有了翅膀，蚂蚁失去了触角，就像蜜蜂只知道埋头工作。

三个月的试用期很快过去，临转正的前一天，我同她谈话，只问了她一个问题：“薇薇，你的梦想是什么？”薇薇很惊讶，大概是完全没有想到我会问到这样的问题。在她眼里，或许我太不按常规出牌了，而在我看来，如果一个人连自己的梦想都不知道，那她再努力又有什么用呢？！我看着薇薇忽闪忽闪的眼睛，淡淡地又问了一次：“你的梦想是什么？”

“我小时候的梦想和大多数小孩子一样，就想当个老师，这样就可以批改别人的作业，而自己不用写作业了，呵呵，”薇薇笑起来很好看，“上中学的时候，爸妈希望我能认真学习理科，大学也上个理科专业，这样出来好找工作，但是我自己更喜欢写东西，所以数理化老师对我很抓狂，觉得我是扶不起的阿斗，只有语文老师对我没话说，因为我作文很强，所以她觉得我可以试试编剧之类的专业，当然，你也猜到了吧，我爸妈死都不会同意的，高考的时候，本来我报了传媒大学，结果我爸妈说，就算考上了也不会给我学费，最后我只好按照他们的意愿，报了市场营销专业，我好久没有想过自己的梦想了，不是没有，是忽然觉得梦想没有那么重要了！”

薇薇的话让我很惊讶，只是二十三四岁的年轻女孩，真的就这样和梦想擦肩而过了吗？回头想想，平日里看她做的文案，的确也是胜人一筹的，之前只是觉得文笔功力有过人之处，现在看来，那是她身体里潜在的力量隐隐发散而出的能力和魅力。眼前这个小姑娘，说起不开心的事情，依然用着欢乐的语调，这是我喜欢的样子。

她和曾经的我很像，不，她就是十年前的我。

我没有再责难她，对她说，你不是没有梦想，太好了，你只是忘掉了自己还有梦想，那现在你需要把她找回来，然后去努力。在这之前的所有工作，只是工作而已，你只是看起来很努力，但我希望从现在开始，工作是你实现梦想的砖瓦，甚至是地基，不可怠慢它。

无独有偶，邻居赵阿姨最近也特别烦，没事就找到我妈吐槽。

这是南方小院里特有的交流方式，老人们总爱家长里短地各种八卦，然后回家再做一次“我今天刚听说”的时效性分享。大概是因为我在北京漂过十年，又干着看起来很光鲜的职业，回到成都之后，我妈成了院里的“八卦部主任”兼“人才交流中心”。

赵阿姨的孙女眼看就要中考了，虽然不比高考那么惊心动魄，但中考也不比“独木桥”宽多少。赵阿姨说孙女学习特别刻苦，每天都要熬到十一二点钟，但不知道为什么成绩就是原地踏步，临考前两个月，竟被一些远不如她勤奋的同学反超。

我妈跟我吐槽了半天，最后让我帮她分析分析，我说老妈，你这是又让我帮你出主意，然后你去忽悠人是吧？我嘿嘿笑了两声，然后接着说，你还记得我高考那会儿吗？每天晚自习后九点到家，磨蹭半小时吃老爸的爱心夜宵，再磨蹭二十分钟洗脸洗脚，坐在写字台旁边看半小时书，最晚十点半绝对已经睡着，你们后来还说我，如果像“别人家的孩子”一样看书看到十二点，肯定考上清华北大了，其实不管我看到十点半还是十二点，都是一样的效果，因为我压根什么都没记住！用现在流行的话说，我完全没有走心好吗？所以说，赵阿姨的孙女，到底是有多没效率啊？！

曾在网上看到过一篇关于努力的文章，“愚公移山，寒暑不辍，子孙相继，土石置东海，从未改其志，不可谓不努力，却全靠感化天帝，方得成功。崇祯监国，宵衣旰食，节用缩度，万事出己心，朝纲振前代，不能说不努力，但未能感动上苍，大明终成土灰”，洋洋洒洒，直击人心，畅快淋漓。如文中所言，这样的努力绝不等于成功。

话虽这么说，其实也未必真的怪人家孩子，她还只是小朋友，她还不明白，在现实生活中这样的事情比比皆是——明明比别人付出得更多，比别人更努力，但就是得不到回报，做不出成绩。我们都曾经是孩子。常常会从大人们口中听到的是，“你要努力哦，不然就像谁谁谁一样……”于是，上小学的时候，我们为了考到好的初中而“努力”；上初中的时候，为了考进一流高中而“努力”；好不容易上了高中，还要为考上名牌高校而“努力”；进了名校，要么为了考研而“努力”，要么为了一份好工作而“努力”……就这样努力了一辈子，一辈子在努力，努力啊努力，一辈子就这么过来了。

其实努力也好，勤奋也罢，与每件事情最终产生的结果，有着怎样的必然联系，我们很少去思考。我们的努力就真的是努力了吗？

我们的勤奋就真的是勤奋了吗？我们要求回报就真的是合理的吗？很多人常常抱怨领导安排工作太过“形式主义”，社会新闻出现太多计划性“作秀”，却从未想过，自己对待生活工作的态度，是否也正在流于形式，“我努力了，所以我在进步”，如果一直活在自欺欺人的假象中，当你有一天觉醒，定是被他人远远地落在了身后。

在北方的时候，很多朋友经常戏称自己是只“加班狗”，因为家远和怕堵车，每天五点就起床，七点半到公司，一口水不喝吭哧干到下午六点，出去吃个盒饭回到办公室继续奋战，拼命到八九点，蓬头垢面地往家赶，十一点到家，不忘发个朋友圈。

辛苦吗？当然很辛苦！努力吗？那可不好说！敢不敢打开手机让人看看下载了多少游戏和社交APP？

对努力的理解，我们曾经都太注重自我感受，忽视了它本质的意义。

只要我们愿意，坚持做一件事并不难，然而没有把能量聚集到应该聚集的地方，似乎努力也就不是真的努力。

从某种角度来看，那些真正努力的人，也许并没有我们想象中那么勤奋，也不用过得那么痛苦，如是，或许我们可以稍微严肃一点地审视下周围的人，那些天天加班天天熬夜全年无休的朋友圈……那些所谓的艰苦努力，有何价值与意义？或只是求得一个随遇而安，还是尚未意识到的自我消耗？长久以来我们接受的文化传输都是，“吃得苦中苦，方为人上人”，可是真的到了应该想一想，如何才能以有效的方式去努力，而不是浪费生命，以一种正确的、智慧的方式前行，努力才会终有回报。

你可曾遇见过“咖喱鱼”

有人说，这世上最难的三件事是：减肥、早起，让喜欢的人也喜欢自己。减肥，无奈又痛苦；早起，足可以毁一天；喜欢的人不喜欢自己，那些痛与谁说？世间没有什么事是可以不劳而获、轻松既得的，如果说有，或许就只剩下“贫穷”二字了，如卡耐基所说，人不是因为没有信念而失败，而是因为不能把信念化成行动，并且坚持到底。即使世界再薄情，可我们已经来到这里，便注定要坚持走下去。

（一）减肥

减肥，的确是世界上每个女生必须经历的事情。

Peggy是一个从小与垃圾食物为伍的女孩，因为从小就胖，所以习以为常。面对朋友们的调侃和不合时宜的玩笑，她总是一笑而过，大家都以为她没心没肺，只有她自己知道，这不过是在用乐观的方式替自己解围。然而，这“自我解嘲”的一切故事，都在男朋友分手时嘲弄的眼神中彻底改变了。和前男友分手时，Peggy的体重正处于人生巅峰，一百五十公斤的她，因为对形象的“乐观”心态，终于导致最无法挽回的一次嫌弃，生平第一次，她意识到不能让这个糟糕的情况继续下去了。她下定决心要华丽蜕变，在家人的鼓励和营养师的帮助下，用最健康的方式在四个月里减掉八十四公斤，焕然一新地出现在外貌协会前男友的面前，做出了狠狠地还击。

来自英国的Peggy花了二十几年无数次败给了“减重”这个敌人，最后因为“我要改变”的信念终于坚持下来，她的成功故事绝不是偶然，其实我们身边的胖姑娘们，个个都是潜力股。颜是我大学同寝的妹子，拥有可爱至极的脸蛋，以及令人羡慕的人鱼线，当然，这是她花了整整四年大学时光造就的完美的自己。她从前和 Peggy 一样，是喝水都胖的那一款，不同的是，她的变身不是用了短短几个月，而是坚持了整整四年，才最终迈入女神行列，令人折服。

颜刚入校的时候一头短发，总被误认为是男孩子，听她说，她从小就胖，进入青春期之后，美的意识越来越强烈，同时体重也越来越难控制。班上其他女同学都开始花枝招展地张扬青春，她却在为没有合身的衣服而发愁，不仅如此，身体健康也并不是很理想。熬过高三那段日子后，在又一个尴尬的夏天来临之时，颜决定和过去的自己一刀两断。从那时候起，她每天都会坚持至少两个小时的锻炼，同时控制食物热量和糖分的摄入，这一坚持就是四年，终于从一百九十斤的大胖妞摇身一变成为窈窕的杂志平面模特。生活便是如此，只要你愿意，就可以坚持，让那段坏掉的时光离开，由另一段时光接替，在某天之后，学会和过去的自己道别。所以，不管是你拥有一个渴望已久的梦想，还是期望与过去挥手，面对前途荆棘，下定决心迈出的第一步，将是轰轰烈烈的启程仪式，前程若是美好，那是你我的幸运；若是失败，那是你我的经历，不可强求，不可抗拒。

（二）早起

每个人都有很多特有的习惯，比如下雨天要听快乐的歌、比如削苹果努力不让皮断掉、比如临睡前要跟自己道一声晚安……习惯成自然，但是，习惯并不是自然。在结婚典礼前的半小时，你只是想喝一杯咖啡，却发现放下三块砂糖的习惯，却是因为另外一个人，是年轻的自己为了另外一个人努力很久，坚持下来的事情，渐渐成了你生命中微小的习惯。

有一阵子我的手机里只会循环播放一首歌，还设置成手机铃声，翻来覆去地播，翻来覆去地听，直到有一天朋友实在忍不住，说，你就那么喜欢这首歌吗？拜托能换一个吗？我这才想起来，好像真的已经不喜欢了，它却还在，只是一种习惯。

是的，那些小小的自然而然，或许只是在某一段时光里，你愿意过，坚持过，然后融入了生活。

听到过一则老爷爷老奶奶那一辈的故事，虽然很微小，却很喜欢。在遥远的北方，因为距离北回归线更近，常常凌晨四点就天光大亮，看起来已经晴空万里，实际上还是清冷得很。不知道从什么时候开始，老爷爷养成了一个习惯——每天早上总是第一个起床，而且从不用闹钟。后来大家才渐渐看明白，原来老爷爷是为了不让老奶奶挨冻做饭，于是早早起来就把饭做好了，一天一天，就成了习惯。

这样的坚持很容易理解，或许我们都曾有这般经历。有这样一个好玩的研究表示说：而二十一天以上的重复会形成习惯；九十天的重复会形成稳定的习惯。同一个动作，重复21天就会变成习惯性的动作；任何一个想法，重复二十一天，或者重复验证二十一次，就会变成习惯性想法，一个观念被别人或者自己验证了二十一次以上，它一定已经变成了信念。

老爷爷坚持几十年的早起，原来已经不是简单的习惯了，那是一种信仰，无关乎成功，只为了爱的伟大的信仰。

（三）让自己喜欢的人也喜欢自己

单身的时候，常常收到朋友们的祝福，祝你每次考试都不挂科，祝你衣橱里永远不缺衣服，祝你在吃泡面的日子发现裤兜里没花完的零钱，祝你在下雨天顺利打到计程车，祝你团购的美食比想象中好吃，祝你的晚安能有人懂，祝你永远孩子气，祝你喜欢的人也恰好喜欢你。

祝你喜欢的人，也恰好喜欢你，是我听到过的最美妙不过的祝福，满满的阳光的味道，幸福感满溢。后来发现，大多数时候，这只是生活跟我们开的小小玩笑，忽然就心生叹息，觉得那是再奢侈不过的事情。

很多年以前，有个男孩在半夜十二点固执地敲开了一个女孩的家门，不顾她爸妈的惊诧，只为给她送来开玩笑突然说想吃的咖喱鱼。那晚天空落着小雨，他就那么湿漉漉地站在门口，从衣角滴落的雨水在地上积成一小摊，傻傻地笑着说："你这是什么怪癖，大半夜让我跑了半个城。"

这是个真实的故事，男女主人公那时候只是十八九岁的年纪，没有车没有钱没有伪装，我相信那个男孩真的可以为那一句话跑了半个城。时光无法倒流，在此后的十几年里，那个湿漉漉的微笑的男孩，与女孩形同陌路，或许接下来的半辈子，依然会与他无关。他们都没能坚持下去，他们在中途放弃了。

只是那一刻的感动，在记忆里保存了下来，那个自己喜欢的人，刚好也那么喜欢自己，是多么美好的事情，纵然时光让它慢慢失去所有意义，就像，你收到的一束香水百合，盛放不过几日，香气便随凋零远去，你只会偶尔想起。生活就是这样，仿佛什么都是有保质期的，女孩的生命中，不会再有人大半夜给她送来一份咖喱鱼（除了外卖），却有了另一个人大半夜为她下面暖胃。

高三的时候，“咖喱鱼”男生对那个女孩说：“我喜欢你，我们在一起吧。”女孩不回避，也不恼火，“我们一起努力，好好高考，去最好的学校，在此之前，我们只是同学！”结果，他们考进两所相距 1800 公里的大学，分开成了自然而然。

大二的时候，男生忽然出现在女孩宿舍楼下，说，我复读了，考上了你的学校，现在我们不是同学，你是我的学姐了，以后还请学姐多多关照。一脸坏笑。

大三的时候，男生成了女孩的占位神器，总是在她溜达去上晚自习之前饿上一小时肚子，硬说自己愿意。班上疯传的姐弟恋丝毫没有影响到他们铁哥们般的友谊，连女孩的母亲都旁敲侧击想打探些什么，但她从不解释。他也从不多言，只有他知道，她和“咖喱鱼”在一起。

大四的时候，她许下北上的心愿，在文科楼的天台上与他告别，他说，你又要走了，走之前我们做个约定吧，如果到了三十岁，你没嫁我没娶，我们就在一起好不好？她说，你电影看多了吧？他笑一笑，又说，那你等我啊，一年之后我去找你。几天后她飞走了，他没有来送机，在他们二十二岁的年华里，巧妙地给彼此留下了一场空白。

二十三岁的时候，他在十二点打来电话，她正睡得安稳，被铃声惊醒，心情很郁闷，抓起手机直嚷嚷，你这是闹哪出啊，这都几点了，什么事快说？他哈哈笑了两声，说，生日快乐，你继续睡吧，拜拜。原来是她生日，那一刻，女孩忽然迷茫了。

还没等女孩从迷茫里走出来，不久，他出国留学的消息不速而至，让女孩觉得自己实在可笑。他转道北京来看她，她带着前辈的姿态赴约，刚开始只是说些"大家都要好好保重"的话，掩藏不了的尴尬，酒过三巡，他忽然用超越年纪的口气对她说："嘿，我出去这几年，你不要那么着急结婚啊！""为什么啊？""因为我要给你做伴郎……""哈哈，好，我答应你啊，那你也不要着急结婚啊！""为什么？""因为伴郎必须是单身，笨蛋！"

现在想想那个时候的他们真是可爱，这样的许诺也始终放在了心上。在此后的时间里，男孩和女孩各自不停地恋爱，分手，恋爱，分手，分分合合，一年两年又三年，他从国外名校毕业，坚定地选择了归国，第一时间赶来见她。在机场的那个大大的拥抱，曾经在梦里也出现过，她和他之间，想要的或许只是一个拥抱而已。

我们喜欢一件东西能有多久？我们喜欢一个人

能有多久？走过那段路才会明白，需要坚持的，只是那几年，只要你愿意往前走，总会看到路上的风景，只要你愿意停下脚步，总会等到后来的人，只要你愿意，你就可以坚持下去，只要你愿意，你想要的不会离开。

女孩对我说，如果有机会，回到当初那个夕阳下的天台，探出头看到的是同一株高大的梧桐树，树下是缓缓走过的男孩女孩们，他们的笑声透过晚霞的光晕飘进耳朵，回忆起青春的点点滴滴，那个三十年的承诺，她不会再看作玩笑了。

守护信任的最好方式

《狼少年》绝对是一部小众的韩国电影，从专业的角度来说真的无法与很多韩国催泪电影相比，但是，我还是被这部电影深深打动了。

如影片之名，男主毫无疑问是单纯直率的少年，更确切地说，是狼人。突如其来的缘分，他原本暗淡的生命闯入了一个色彩斑斓的女孩。在女孩的陪护下，少年慢慢学会了像人一样吃饭行走，渐渐懂得人类的感情，而女孩也因为率直如孩童般的狼少年，开始重新审视这个世界，开始接受生活的快乐。某种细小的感情在潜移默化间滋生，他们开始离不开彼此。只是现实终究是残忍的，人类的世界似乎容不下狼一样的少年。为了保护女孩，少年选择了杀戮的方式，最终被人类驱逐。在女孩面前只有一条路，用离开换来保护。四十七年后，女孩早已满头白发，终于有一天，她还是回到了那栋打算卖掉的旧房子，同样的夜晚，同样的场景，同样的一张面容映入她的双眼。那个少年如四十七年前一般，依旧年轻依旧稚嫩，但他立刻就认出了这个刻在骨血里的女人。曾经的女孩接过少年递过来的纸条，那是当年离开时写下的最后的文字，“等我，我会再回来的”，就这样，狼少年守着单薄的承诺，一等就是四十七年。

“对不起，我现在才回来，对不起，我去了别的国家，对不起，我和别的男人结了婚有了孩子，对不起，我现在这样年老，头发都白了。”

“不是的，还是和当年的你，一样漂亮，完全一样的……”曾经的女孩或许永远都无法知道，眼前的少年是如何独自练习说话，独自守护当年她种下的植物，抱着微小的期望独自在原地等候。

没有吻戏，没有牵手，一百二十分钟的片子，只有时隔四十七年的拥抱。正是这个时隔四十七年的拥抱，让我对这部影片有了更深的理解。有多少人能这样守护着一句承诺，单纯地认为这个世界还有童话，他们是善良还是愚笨？曾经的女孩最终还是离开了，我无法判断，对于四十七年前的承诺，她是做到了还是放弃过。我宁愿相信，她在心底一直珍藏着这个秘密，守护着这个少年……

电影终究是电影，生活终究是生活。生活中，女朋友们常常说，“男人的话不可信”，男友醉后说买钻戒；老公承诺的邮轮之旅变成了郊区温泉；……一切的一切，似乎都关乎男人的承诺，那些无法兑现的承诺。对女人来说，最不幸的莫过于遇上这么一个“还没玩够”的伴侣。

闺蜜曾经在失恋的时候跟我吐槽前男友，从来没有做出过任何承诺，这让她极度缺乏安全感。那时候，闺蜜和那一任男友是在大学时候认识的，算一算也快媳妇熬成婆，因为男方的工作调动，两人异地坚守了一年半。两个人家境都一般，过着普普通通的小日子，感情浓度似乎一直都居高不下，至少在我这个外人看来，一切都挺好的。

或许是两地分居的缘故，闺蜜忽然开始唠叨起来，说男朋友在大事上从没给过承诺，比如结婚计划、买车买房，什么事都不说清楚，也没个计划。闺蜜是个规划控，一切都要提前计划好才安心，略有些纠结癖和悲观主义。现在男方调出去一年半了，她屡次提出希望男朋友能想办法回到成都，在她看来，这也是为了双方父母着想，可是前男友丝毫不应招，只是安慰她说，不必想太多。

我拍一拍她的肩膀，平心静气地说，其实在我看来，这个男人也没有特别坏，至少他没有不负责任地给你下套，或许他知道自己没有玩够，或许他还没有做好准备，但不管怎么说，他没有害你这个时候更落魄。再看看身边很多男人，对承诺只是“玩玩而已”，甜蜜正当时，他们许下各种诺言，当你追问起来，他只会丢下一句，“我开玩笑的，你还当真了啊”……

看一个男人爱不爱你，不是一句承诺就能解决的事情，不可轻信，自有道理，那些甜言蜜语海誓山盟，有多少效用？每个人心里都应该有一杆秤，信与不信，都是个人的选择，但是当你选择相信的时候，也请抱着“那只是个小希望”的态度吧，毕竟这些话不能变成温暖的手，挡雨的伞，治病的药，填饱肚子的饭，一句“拿着”胜过十句“我会给你的”。爱应该是发自内心的关爱，是为爱不懈努力，是为爱甘愿平淡，没有华丽的言语，没有哗众取宠的行为，点点滴滴，一言一行，让你去感受——平实和坚定。

当然，不是说所有男人的话都不可信，更不是说男人所有的话都不可信，只是成年人就应该拿出成年人的姿态来，“一句话承诺下去了，兑现了，就是诺言，没兑现，就变成谎言了。那做出承诺的人，兑现了，便是君子。不兑现，就是骗子”。

不轻信，不轻诺，这个道理走到哪里都适用，职场上更是如此，不论是公司的管理还是员工的自我管理，口头承诺无疑都是“画饼充饥”的伎俩。管理者经常不自觉地会为员工“画饼”，这样的事情大概大家也是见惯不怪了，不论出于何种诉求，管理所需也好，情绪安抚也罢，总之是会用上这么一招。

薇薇前些日子就私下里跑来问我，说当初公司招聘她入职的时候承诺过她，半年过了，如果表现优异，可以考虑加薪，她想申请加薪。我皱了皱眉，琢磨着该如何化解未来的一场闹剧！“既然他们跟你有过这样的承诺，我也会支持你的，不过申请加薪也不是简单的事情，你把这半年来的工作情况做一个全面的总结交上来吧。”薇薇见我没有直接拒绝，也是松了一口气，点着头欢快地跑开了。HR 的话，没有对错，只不过说者无心，听者有意，不管有意无意，画的饼，员工可一直都会记得。

没过几天，薇薇把总结交了上来，我浏览了一下，把她叫到休息室，把总结还了回去，说：“我希望你还记得当时应聘面试的时候，我们一起想过的策划，规划的工作，还记得你计划在这个平台做出什么样的成绩，达到什么样的效果。如果你忘记了，你可以问我，在此之前，你看看自己的总结，和当初跟我的承诺，有差距吗？差距大吗？”薇薇没有说话，瞬间面红耳赤，我能感觉到她加速的心跳，我也真的不愿意如此为难她。我只是想让她理解，当你在要求别人兑现承诺之前，是否也应该审视一下自己，有没有做得到。

我们都知道，承诺这个东西，具有太多不可控因素，甚至说大多数时候，因为种种原因承诺无法兑现时，我们都会理解并接受。对于他人的许诺，怀着平常心去对待就好，不要因为承诺而欢喜，也不必因无法完成而恼怒，不过分强调，不刻意怀恨，这是我们能为生活所做的力所能及的保护。

更重要的是，看待承诺，我们往往都是要得太多，而做得太少。正因如此，那一天离开休息室之后，我给薇薇的 QQ 上发去了《半个承诺》的故事，是很早之前在网上看到的，一个小男孩和一个小女孩在玩耍，小男孩收集了很多石头，小女孩有很多的糖果，小男孩想用所有的石头与小女孩的糖果做个交换。小女孩同意了，小男孩偷偷地把最大和最好看的石头藏了起来，把剩下的给了小女孩。而小女孩则如她允诺的那样，把所有的糖果都给了男孩。小女孩睡得很香，而小男孩却彻夜难眠，他始终在想，小女孩是不是也跟他一样，藏起了很多糖果。之后，我再也没有跟薇薇提起过总结的事情，我想，她会有自己的决定。

生活中的很多人与事，就像《半个承诺》里的小男孩，没有为承诺做到百分之百，却怀疑做到百分之百的人，如此反复破坏承诺，反复失信于人，绝对是生活中最糟糕的事。毕竟，信任是一次次承诺的完成所积累起来的安全感，一旦失去，破镜难圆。嘉措活佛曾说过：诺言如砖石，信任似高塔，很多兑现的诺言才能堆砌出一方信任的高塔，但某一块或者某几块砖石的缺失，可能会使高塔倒塌。修补信任的高塔是一件费时费力的事情，所以不要因为一时的冲动便不假思索地轻许诺言。所以，勿因喜而轻诺，做不到，勿承诺，是尊重他人，爱护自己，守护信任的最好方式。

相亲的正确姿势

从二十岁成功进阶到三十岁之后，猛然发现四周充斥着各种扑面而来的“结婚狂”。身边的朋友，不论男女，剩下的，离异的，和平分手的，一眨眼齐齐地都冒了出来。求介绍，求“包养”，求相亲，成了朋友圈子又一大主打话题。

“摽有梅，其实七兮！求我庶士，迨其吉兮！摽有梅，其实三兮！求我庶士，迨其今兮！摽有梅，顷筐塈之！求我庶士，迨其谓之！”这是《诗经》里的《国风·召南·摽有梅》，写的是待嫁的女子正为自己消逝的青春伤感，希望尽快把自己嫁出去。这样的感慨，古已有之。现如今，面对相亲这件事，大多数人已经不再如从前那般排斥了，虽然也会有朋友偶尔自嘲说，简直太逗了，两人直挺挺地坐那儿，全场冷场时长都超过说话时长，尴尬癌都要犯了，还得赔笑陪吃陪喝，一场尴尬的相亲进行完毕，如同一场令人虚脱的战斗。

说实话，我很幸运，没有相过亲，但到底还是被人抓包奉陪了几场。在上海工作那会儿，正是某婚恋网站火得不行的时候，身边的姑娘们只要是待字闺中的，都凑着热闹去注册会员，每天收到各种稀奇古怪的邀请，总爱拿出来开心开心，遇到看起来条件不错的，就应邀去看看，纯娱乐心态的应酬。当然也有认真对待的女孩，比如我的同事 Sammy。

Sammy 不是上海本地女孩，不过在上海读书、立业也颇有些年头了，通过自己的努力在上海买了间蜗居小屋，恋爱谈过一两次，每次都无疾而终，一不留意出溜到了三十岁门槛前，爹妈做梦都想她在跨进去之前把自己嫁了。Sammy 长得一张大众脸，不惊艳，不讨厌，看久了还颇有几分姿色。无奈之下，Sammy 也加入了相亲大军。

我陪 Sammy 相亲一共有三次，如果不是陪她，我或许永远也无法相信那些网传的奇葩经历。Sammy 第一次见面的男人，是通过那个火到不行的婚恋网站联系的，我们到茶餐厅的时候，他已经正襟危坐了半小时，谈吐之间总让人感受到某种近乎变态的约束感，我和 Sammy 话都不多，偶尔几句也是应付了事，急匆匆地吃完饭，礼貌地告辞，没想到对方在说完“再见”之后，补充了一句“你穿丝袜很好看，正好我也喜欢”，一旁的我被雷得外焦里嫩，正要拉着Sammy逃走，Sammy却微笑着回应了一句：“不好意思，王先生，我穿的是秋裤。”出门之后我忍不住直摇头，又想哭又想笑，也真心佩服 Sammy 在第一次相亲的时候就这么淡定。

后面两次陪见经历也是令人哭笑不得，一位自称家底千万，儿女一双，前妻是博士后，离婚是双方都想解脱，对未来伴侣的要求是“该管的管，不该管的不管”，以及必须是处女；另一位把约会约到了人民广场地铁站，据说是之前的约会被女人设计敲诈，贴了几千块钱不说还把手弄骨折了，所以发誓以后相亲必须得在人越多越好的地方……

俗话说，事不过三，在 Sammy 邀我进行第四次陪审团之旅的时候，我婉言谢绝了，其实我是不排斥运用这样的方式来增加缘分概率的，但是相比在各种网站寻找新奇和刺激，还不如踏踏实实参加些社团，开拓些人际圈子，或者就算是经过朋友介绍的人，最起码来得也比网上靠谱些吧。

对于我的看法，Sammy倒是更随和一些，她说缘分不在于长短，而在于交心。几次相亲下来，她越来越意识到，这只是认识异性朋友的一种方式而已，所以慢慢地看得淡了，越发轻松起来，有时候遇到“奇葩男士”，也不再觉得那么不可理喻，就当是长了见识，多了个朋友。

她想得也对，相亲本身无罪，到了现在这个时代，赶赴相亲的人也不再是“穷”途末路的潦倒青年，条件优秀的人一抓一大把，大多还是因为工作环境的改变、性格原因等产生了一定的社交障碍，难以结识同龄异性。不过，话说回来，人有千百种，又有多维度，说不好你会遇见怎样的一个“相亲对手”，当你发现那个人在某个维度出现严重错误状态的时候，又该如何是好呢？是礼貌地宽容，还是忍无可忍无须再忍呢？

我听同事八卦过这样一件令人哭笑不得的相亲“事件”，同事的妹妹老大不小了，家里给介绍了一个对象，让两个人先试着谈谈。那女孩拗不过，只好加了对方的微信，两个人开始在微信上你来我往。没过多久，男方就直接在微信上问，你月薪多少？女孩回答，六千多吧。男方又说，哦，那我们俩如果在一起，你每个月最少得给我四千，因为一看你就不像是会理财的人。女孩无语，有种不祥的预感。

女孩过年回家，告知家里人安排了男方去接车。她从重庆坐高铁回到成都，拖着两个大行李下了车，在茫茫人海中找了半天没见到来接自己的人，打电话过去又不接，也亏得女孩够能忍，直忍到男方半小时后回电，说是堵车。因为是过年，女孩也没发脾气，只惦记着能快点赶回家见见父母，毕竟一年难得回来几次，说着就朝出租车等候区走去，这个时候男人正义凛然地快走两步抢过大皮箱，说，你看你看，我就说你不会过日子吧，这么近坐公交车很快的。女孩处在崩溃边缘，差点哭出来，赶紧追上去说："我太累了，打车就打车吧，钱我出……""那好吧，看你确实挺累的，那就打车吧！"男人转折得很熟练。

第二天，女孩本来想睡个懒觉，却被父母死活拽了起来，说之前已经替她约好了去相亲，女孩两眼瞪得像铜铃，这又是闹的哪一出？原来是男方约了去逛街，准确地说，不是逛街，是逛公园。女孩不想自己去，拉上了姐姐，也就是我同事，同事终于见证了，一个大男人，上了公交车不刷卡不投币，抢在小孩之前坐了空座不说，还理直气壮地对两个女孩说："哎呀，你们有两张公交卡，交替刷就可以帮我也刷了，还是刷卡便宜！"

下车之后男人买了两瓶矿泉水一瓶绿茶，把绿茶给了女孩，一瓶矿泉水给了同事，大冬天的三个人就抱着三瓶冰冷的水走了一道。逛了半天，公园里冷冷清清，该说的话也说完了，估计男人也觉得太尴尬，看了看表，已经快到十二点，于是说，走，请你们吃饭。出了公园，来到附近一家自助烤肉店，他拿出手机查了半天，指着一个团购说，看，这儿有团购，好便宜，才三十五元一张，不过好像一个手机号最多只能买两张，要不，你们俩看谁买一下？到了此时，我同事已经无力反驳，拿出手机自己团了一张。

女孩一边吃一边下定了决心，今天以后绝不再搭理这个家伙，为了两不相欠，她就说晚上那顿我请客吧，一起吃火锅好了。男人一听，两眼放光，嚷嚷说，我知道有家火锅超级好吃，好像叫老码头……女孩已经绝望了，和她姐交换了一下眼神，两人再也坐不住了，离席而去。

虽然“节俭”是美德，但“节俭”过了头，就着实令人吃不消了。对于每一个女人而言，谁不是父母眼中的公主，谁不是从小抱着童话般的幻想渐渐长大。如果一个人没有足够的经济能力满足你并不过分的要求时，这意味着你将需要足够的勇气接受“撑起大半边天”的现实；当一个人有一定经济能力，却舍不得为约会做出合理的消费时，这意味着他在生活中一定不在意他人的需求与感受，生活缺少激情，甚至没有什么欲望；当一个人有一定经济能力，却不仅舍不得合理消费，还各种推三阻四、蹭吃蹭喝，这样的“守财奴”，还是敬而远之的好。

说到底，相亲的正确方式，是用心和诚意，遇到不遵守规则的人，你又何必用规则来委屈自己？尽管如此，我们还是需要正面来看待相亲这件事，既然已经走到了这一步，就意味着你已经让自己接受这样一个事实——任凭自己随缘的时代已经过去了。我们常常说，缘分可遇不可求，但事实上，有缘无分才是多数故事的结局。面对相亲，首先你要明白的是，在这里遇到纯粹爱情的概率可能和中彩票差不多。

面对相亲其实有很多需要你准备的事情，并不是想象中那样，到时候换一身好看的衣裳、化妆打扮一下就OK的事情。譬如说你“想找个什么样的男人”，不要告诉我你没想过，不要告诉我只需要有眼缘，你怎么可能没条件？简单来讲，对方是高是矮是胖是瘦？比你大多少岁小多少岁你可以接受？收入水平需要达到哪个范畴？家庭状况有没有特殊要求？这些硬指标，你敢说你没想过？除此以外，一般而言，男人可能会更关注女生的颜值和过去，而女生可能更关心男人的收入，以及未来婆婆的情况。诸如此类，都是你应该挖掘出来的自己的想法，没必要避讳，更没必要掩藏。

心里有了底线，接下来就需要仔细观察。感觉往往是靠不住的，更何况认真看，认真听，也是起码的尊重。既然大家都不是打算随随便便谈场恋爱那么简单，那么对一个人是否值得深交，考察这一步就非常重要。所以，相亲就先老老实实地相亲，别急着进电影院，别只顾着看脸，别总想着自己够不够光鲜……不妨轻松地问问成长经历、家庭关系，问问生活的期许、长久的梦想；问问喜欢猫还是狗、用支付宝还是信用卡……或许从他的只言片语中，你能看出你们的三观是否适合，消费习惯是否相差太大。

可能会有朋友说，第一次见面就问这问那的，是不是不太好？万一遇见冷场王，那该有多尴尬！的确如此，一上来就查户口，是很容易让人反感的行为，毕竟凡事有度，尤其是第一次见面，交流需要有深浅，要求不必太苛刻。那该如何是好？不如准备一些暖场话题怎么样！比如问问星座，聊聊八卦，说一下自己的兴趣爱好，最好再能碰撞出些思想的火花，把爱好的范围缩小缩小再缩小，锁定一个小众的共鸣的频道，为之后的深度沟通奠定出完美的洽谈气氛。

你必须要明白，相亲只是帮助你认识更多异性的一种方式而已，它如同世间所有事情一样，需要对自己有明确的认知，选择合理的策略和方法，然后才是努力去寻找。任何时候，生活都是自己的，相亲不就是为了自己的下半辈子吗？！我相信，每一个女人心里都藏着小小的爱情信念，支撑着我们坚定地去寻求，直到有一天，找到一个人把自己从父亲手里牵走，安心地走进婚姻殿堂。

当你只看到别人的光华

为什么别人过得那么潇洒？为什么别人的朋友圈永远是夏威夷的阳光？为什么别人的男朋友那么浪漫？为什么别人家的小孩那么优秀？为什么别人总是轻轻松松地生活、恋爱和挣钱？为什么身边每个人都好像过得比我好？为什么受伤的总是我？

嘿，亲爱的朋友，如果我说你的这些问题，每一个都让我心惊胆战，我忽然不知道该怎么安慰你。其实你不用安慰对不对？你并不是不知道，人生拥有很多面，你怎能不知道，你看到的那些快乐的、辉煌的、光鲜的画面，背后又是多么深邃的付出。

台上一分钟，台下十年功。这样一句老话，我们从小听到大。小时候成绩不好，爸妈老师这么说，长大了工作不好，亲戚朋友这么说，婚姻经营不够好，闺蜜导师这么说……是不是听到内心崩溃？是不是感到厌倦了？我是多么理解你，因为我也曾有过这样消极到无法治愈的念头——职业规划越来越不清晰，工作状态越来越差，婚姻生活越来越不开心，活了小半辈子却弄丢了大半辈子的快乐。这的确是令人头痛的事情，谁也不想整日计较柴米油盐酱醋茶，假装两耳不闻窗外事，任由梦想渐行渐远，活得没一点底气。后来，我去听石久让《天空之城》的交响音乐会，结束之后同行友人问我，音乐会怎么样？我说，很棒，能听出很深厚的学院派功底！他说，嗯，非一日之寒，大概每天都活在音乐里了。

我们听见的每一首乐曲，背后都是无数次日夜不分的练习；我们看到的每一场竞技，都经过无数次强忍下来的伤痛；别人人生道路上的每一次优异成果，都饱含此前无数次跌倒又爬起的泪水与汗水。毕竟，这个世界一生下来就自戴光环的人是少之又少，绝大多数人为了理想依旧需要奋斗和打拼，自知微小，怀抱梦想，时刻准备，伺机而动，坚持到底，才有可能获得机会，仅仅是机会而已。

追逐梦想直到成功的典范莫过于马云，他曾经说过这样一段话，坦荡无比：“在过去的十五年，我一直在想这样一个问题，我自己无论是颜值也好，能力也好，学识背景也好，家庭背景也好，如果作为平均值的话，我应该在负二，低于水平线。不管我多么努力，我最多能够做到正三或者正四。但今天很幸运我可能超过了正五、正六。多出来的两三分其实不属于我，我也在问自己到底会哪来那么多福气，怎么会走到今天。过去的十五年，每天应该是如履薄冰，非常艰难，别人看到的是你成功的一面，但别人肯定不会看到我们犯错误、沮丧、倒霉的一天……”

虽然很崇拜和敬重马云，但我却不喜欢用他的故事去激励任何人。在我看来他的成功并不具有普遍性，他的执着是带着神经质的，他的成功背后有太多不可复制的独裁与执拗，而这些，理智的平凡人不会懂，更看不透。更重要的是，就算看透了，那些抱怨依旧会在，那些抱怨的人依旧变着法地嚷嚷天妒英才。

Papi 酱的爆红比起马云的成功可能更贴近你我的生活。这个生于上海的 80 后北漂女孩，没有令人惊艳的外貌，也不喜 Gucci 和 LV，原本可能只是做一枚平凡文艺女青年的宿命，不承想她只为梦想不认命。她的梦想是什么？她说，她的梦想是做一个集美貌与才华于一身的女子。那么，问题来了，要怎么才能让自己在群众雪亮的眼光中看起来貌美如花又才华出众呢？Papi 酱其实是中戏毕业，除了读书和戏剧，她并不太明确未来人生应该如何，也就是说，如大多数人一样，她也曾迷茫过。她尝试过很多种职业，认真努力，不排斥，但是不喜欢。这个过程很艰辛，这种艰辛一晃就是四年。最终，她选择读研，想着或许能有机会做一名人民教师——伟大的职业很伟大——尤其还有寒暑假。

找不到出口，索性生活得简单纯粹一些也好。Papi 酱决定按照自己的逻辑去生活。Papi 酱的逻辑就是没有逻辑，这也是为什么突然有一天她发现自己竟然成了网上一枚炙手可热的段子手的可贵前提。大概是因为中戏学院派实力研究生的缘故，Papi 酱一表演起来就彻底失去了自己的“本格”，简直就是浑然天成的女屌丝一枚。

Papi 酱的小宇宙爆发了，愉快地玩起了视频模仿秀，录了几个视频，自我感觉非常好，继而萌生了做系列短视频的想法。但是一个人的力量太单薄，玩起来也不够 high，于是她找来自己的同学，搞了一个组合，专门做吐槽视频。她们很努力，其实是在当作事业来拼的，但是还是那句话，人生哪有那么多容易的事情，没过多久，毕业当前，组合成员演戏的演戏去了，工作的工作去了，搞笑视频忽然找不到笑点只剩泪点了，Papi 酱无路可退，只好硬着头皮，宣布组合解散了。

好吧，这毕竟是个励志的故事，所以女主角 Papi 酱是不可以放弃的。她把录影棚搬进了家里，没事儿就整两段，自编自导自演自 high，经过坚持不懈的努力，加上独具一格的表演天赋，一个人的视频不知不觉竟然玩大了。正如你看到的，忽然有一天，互联网上各大热搜排行榜上出现了 Papi 酱的名字，备受网友追捧。看起来更像是一夜成名，但实际上 Papi 酱的付出和努力，如前文所述，来之不易。

如果这世界上真有奇迹，那只是努力的另一个名字。你有没有想过，其实你的成功、快乐和幸福都败给了慵懒，你原本不会被很多事难住，你却为了自己找到太多的借口，为难了自己。当你看到身边朋友的光环，是否想到过自己的不作为？当你看到身边朋友的勤勉，是否想到过自己的惰性？当你看到身边朋友的幸运，是否想到过自己的侥幸心理？是的，不是你运气不好，只是你不够努力。

当你青春正当时，大概不会想到有一天变得如此“悲天悯人”？梦想、坚持、付出、努力……当这些词在没有动力的支撑下，变得异常空洞和乏味，却又如重重大山压在人心头上时，你选择了抱怨，为什么别人可以不费吹灰之力就享受成功？而我却不能。你可曾想到，深夜你已黄粱美梦，他人却在分秒必争。冰冻三尺非一日之寒，事情远不是我们想象的简单，轻而易举得来的美好生活，怎会存在？

光芒万丈背后那万里长城般的艰辛，其实在很多人身上都能窥知一二。说起加布里埃·香奈儿这个名字，你会不会觉得熟悉又陌生？是的，她是著名国际品牌香奈儿的创始人。虽然香奈儿品牌早已进入奢侈品行列，但创始人加布里埃·香奈儿的出生似乎跟“奢侈品”这个词毫不沾边。加布里埃·香奈儿的童年时光在贫穷与苦难中度过，她的父母在生她的时候并不合法，她十二岁那年母亲病逝，她和妹妹被父亲扔进了孤儿院，在孤儿院清苦的六年岁月里，她和所有孤儿一样，为成年后的生活早作打算，于是她努力学会了令自己赖以生存的计谋——织补，那时候，她从未想到，正是这个小小的谋生手段，将成就自己此后伟大的一生。

二十岁左右，香奈儿开始独自闯荡的生活，她来到巴黎，白天在裁缝店里工作，晚上到酒吧唱歌，那时，她最常唱的一首歌叫：《Coco》。不多久，她遇见了人生的第一个贵人——贾帕，一位花花公子，也是一名军人。在贾帕的资助下，香奈儿在巴黎康朋街上拥有了人生中的第一家时装店。她没有让这个机遇从手中溜走，短短几年时间，香奈儿设计的时装就让巴黎贵妇如痴如狂，从此，一发不可收。

香奈儿功成名就，周遭眼红的人也开始跳脚，说她不过是运气好罢了，香奈儿听到后是这么说的："没有人比我更努力地去工作。有人以为不去工作，只需要挥一下魔法棒，或者是擦一下阿拉丁神灯许个愿，便可以创造出我所创造的一切，这简直是天真的想象。"

真是一语中的。世间没有阿拉丁的神灯，没有小仙女的魔法棒，也没有哆啦A梦的口袋，香奈儿成功的背后，是她一生没有休假，包括病假，她每天都在疯狂地工作，像机器一样，以至于助手曾经忧郁地对香奈儿说："我觉得您讨厌我！"而此刻，香奈儿只是淡淡地回应道："你觉得我几点有时间讨厌你呢？"

如果你不曾付出和努力，请不要把梦想挂在嘴边，请不要抱怨别人得到的比你更多，请停下指责别人努力拼搏换来的一切，获得的轻松与快乐。如果，你还在抱怨上天不公，请你换个角度看看这个世界，请你停下脚步反省自己的生活。问问自己，到底想要什么，想做什么，是否有勇气去接受路途上的重重困境，是否愿意为了最终的收获付出足够的代价，是否做出了问心无愧的选择，要坚持什么，又要放弃什么？然后想办法去改变吧，把自己变得更加强大和优秀，去克服困难和挫折，迎头赶上。

前方路还很长，年少有为也好，大器晚成也罢，人生不过如此。最后的最后，很想送给你如下几句箴言，是嘉措活佛的教诲，期望能带给你不一样的信念:

人这一生，有梦想不难，要逆风而飞，绝不简单。有时候前进不得，倒退不得，只能待在那儿，忍耐着面对。人生进退是常事，想要成功关键在于能不能“熬”得住。所谓“熬”，是不轻易放弃，不轻易改变，是欢喜中持一份凝重，悲哀时多留一丝希望，是对生活的负责任，谨慎对待每一个属于自己的日子。

生活因为善意的谎言而美丽

小时候总是觉得，“讲信用”和“说谎”是水火不容的两种东西，说了谎的孩子，就是坏孩子，就是不讲信用，以后不能跟他们再在一起玩。我们一路从父母“说谎不是好孩子”“做人要讲信用”的言传身教中走到现在，随时随地都提醒自己，不欺人也不自欺，然而越长大越发现，事实上，等我们长大之后才发现，生活原来是谎言遍地，就算是believe 中间也藏了一个 lie，没有人能拍拍胸脯说，我这辈子没说过一次谎。很多场合下，面对不同的人和事，善意的谎言拥有比实言更和谐的力量，为了美好的目的制造出的谎言，是带着感动、感恩、幸福和浪漫的人生白日梦，让生活变得更加惊艳和神奇。前阵子被一段网络视频狂刷了好久的朋友圈，是一则关于爱的谎言，或许有很多朋友都看到过，并和我一样泪点爆发。

视频里的故事发生在圣诞节，众所周知，圣诞节是西方国家最盛大的传统节日，就像中国的春节、中秋节一样，是人们举家团圆，共享天伦之乐的日子。正是在这一天，一家儿女们突然接到了自己的父亲离世的消息，他们放下手中的工作，改变度假行程，匆匆地赶回了家。当他们走进爸爸的家门时，所有人都惊呆了。星星点点的烛光将满桌的佳肴映出别样的光彩，简单整洁的长桌上，整洁的餐具早已经备好，在一旁还有一棵和小时候一样存在的圣诞树。当父亲步履蹒跚地从厨房里踱步而出时，儿女们终于可以把上一秒的悲伤彻底抛到了脑后，欢喜地和父亲拥抱。原来在圣诞节来临之前，老人心心念念地等来了儿女们的电话，然而令人心酸的是，这些电话似乎不是回家前的联系，而是加班出差和度假的消息——没有人能回家陪他过这个圣诞节了。在此后的几天，老人看到对面邻居家的孩子们都一一赶回了家，似乎全世界都把自己遗忘了，该怎么办？“我还能用什么方式，把你们都带来呢？”视频中的老人，对孩子们这么说，这时，儿女们才明白了老爸的良苦用心，深感内疚。

面对视频里老人的谎言，你是否和我一样，无语凝噎，只剩满面泪痕。你会不会想起小时候，家里不是很富裕，吃饭的时候常常只有一个主菜，有时候只是酱油加一点父亲自己熬的猪油，一起炒来吃。因为年纪小，所以吃饭很慢，而父母总是稀里哗啦就吃完了一大碗，桌上的菜基本上还原封不动，你看着他们把碗筷搁下，开始去忙别的事情，心里还满是不爽，觉得他们总是不管你，自己吃完就走了，有时候你也会嚷嚷，爸爸，妈妈，你们慢点吃啊，再吃点啊，还有这么多菜，妈妈总是一边收拾一边说，你快吃，我们吃饱了，你把菜都吃完，别浪费。一句“我们吃饱了”，换来了我们每天都吃得饱饱的。

到了十二三岁，是女孩子开始长身体的时候，家里的伙食水平明显高了一些，只是中午赶回家吃饭总不见爸爸的影子，起初我问了好几次，我妈说，你爸在单位食堂吃饭，便宜，你吃你的就是了。很久之后的一天，我因为学校中午放学晚了许多，在疯狂骑车回家的路上，看到一个熟悉的背影，父亲在跟几个城管吵闹着，旁边是一辆被几个人都拽着的人力三轮车。从那天起，我才知道，父亲半年前就下岗了，突然间没了工作，又要维持家庭的收入，让我吃喝不愁，他在这半年里，去街边修过自行车，去集市卖过菜，攒下一点点余钱买了辆人力三轮车，每天早上我去上学他就开工，赶在我傍晚放学到家之前回来，为了不被我发现，而每天中午，他都带着我妈做的咸菜，在外面啃馒头。

我上学的初中和高中都是这个市里顶尖的学校，虽然面上爸妈风光无比，但私下里，每学期都在为我不菲的学费发愁不已。初二的时候，学校有了贫困补助的项目，我们班的指标原本留给了我。班主任老师找我谈话，跟我说，你家里需要的话，可以申请这项补助，你回家好好跟爸妈商量一下吧。那时候的我，正处于极度封闭的阶段，考取顶尖的学校之后，成绩不再是班上数一数二，学习压力和心理压力都让我缓不过神来，再加上班上有部分同学是花钱进来的高价生，和我生活在完全不同的世界里。说没有自卑，那是假的，我不愿意让班上的同学知道，我家里已经穷到要申请贫困补助的境地，思量再三，回到家之后，我对这件事情一个字也没有提。第二天班主任老师再次找我，问我商量的结果，我斩钉截铁地说，我妈说不用，谢谢老师。班主任将信将疑，看着我的眼睛说，这样吧，明天让你家人来一趟学校，我想跟他们聊聊。我不敢违抗师命，惴惴不安地回到家，不跟爸妈多说什么，只说老师请他们明天去学校。我听到半夜里他们还在议论着，到底是什么事情，这么严肃着急，会不会是我早恋了？还是成绩下滑太严重了？或者跟谁结仇了……当班主任跟他们再次说起贫困补助项目以及我的答复的时候，站在爸妈身后的我，满面绯红，努力憋着眼泪不让它流下来，这个时候爸妈如何责骂我都是我应该承受的后果，我甚至已经做好了被我妈追着满院子跑的心理准备，然后此时我却听到一个明快的声音说，是的，她跟我们说了下，我们觉得还不至于，这个补助留给个别的困难同学吧！

我抬头看了一眼妈妈，老爸拍了拍我的后背，我的眼泪再也控制不住，唰唰地往下流。我用这样一个幼稚的谎言维护着自以为是的尊严，给爸妈平添了此后五年莫大的烦恼，虽非恶意，却足以让我在很长一段时间里追悔莫及，而爸妈却用谎言保护了我幼小的自尊，为的是让我依然可以正常地面对接下来的每一天校园生活。

爸妈这一辈子，这样的谎言始终没有间断过，我总是在很久很久之后才懂得，才恍然大悟，原来他们不是说的那样。大学填报志愿的时候，爸妈坚持让我留在了本地读大学，因为学费和生活费都相对便宜，虽然考上的学校依旧不错，但不是自己真心向往的学府，我心里多少还是有些介意的，本科毕业之后，我没有选择考研，而是打算去看看外面的世界，这一去就是十个年头，一年回来的次数屈指可数，想想这么些年，每次打电话爸妈都会说“没事的，我们很好”，我曾经不以为意，直到那年父亲心脏病住院，被他们故意隐瞒，我成为最后一个知道的人，那个时候起，我终于懂了，父母最大的谎言就是“一切都好”。

生在人世间，真正无忧无怨的日子能有多少年？从长大未成人，到黄土没过半腰，我们经历过太多人与事，看到过太多假象与真实，我们开始理解谎言的意义，善与恶，都有它存在的意义。慈悲是大爱，生活是小爱，在平凡日子里，善意的谎言会为你打开生活的另一扇窗。我的某个朋友在跟他女友，后来成为妻子的女人约会时说：“你的厨艺真不赖，连我妈都赶不上你。”

他妻子在半年之后才得知，男友老妈是著名餐厅的大厨，幸好，这个真相已经不重要了，重要的是，两个相爱的人走到了一起。我另一位朋友的医生母亲，自打年轻时就养成了职业谎言的习惯，面对那些绝症病人，她总是一脸轻松地跟他们说：“别担心，会好的。”

是的，在这世上的谎言亦有另外一种存在形式，经过我们情感的晕染，变得柔软而善良，满满的都是爱。当你需要用善意的谎言去安慰身边的朋友，去挽救他人的希望和幸福时，你甚至会拥有某种天使般的使命感，你会发现，善意的谎言是多么美丽的，生活因这些善意而更加美丽。

就在不久前，一场全城接力的爱心谎言，震惊了世界，这个天大的谎言的“导演”名叫黄小勇，是2006年“感动中国”获得者黄舸的父亲。那一年，黄小勇驾着三轮摩托车，载着身患绝症的儿子黄舸，骑行在中国各大省市的道路上，只为在黄舸离开之前，能当面跟帮助过他们的好心人道谢，这也是父子俩最大的心愿。2009年，黄舸安心地离开了，他捐献了自己的眼角膜，为这个世界作出最后一点奉献，而黄小勇则向黄舸的奶奶，自己的老母亲隐瞒了噩耗，至今，黄舸的奶奶还一直以为孙子在积极治疗。

今年，老人已经八十九岁高龄，视力和听力都出现很大的障碍，她唯一的心愿，是有生之年能与孙子再度相见。为了完成母亲的心愿，黄小勇想出了一个不是办法的办法——给儿子找个“替身”。思前想后，黄小勇愈发坚定了自己的想法，他找到了媒体，公开向社会召集愿意假扮成黄舸的志愿者，代理黄舸去和奶奶见面。

28岁的王峰在一所专科医院里工作，他在网上看到招募消息后，毫不犹豫地报了名，因为年龄和身材与黄舸接近，最后他成为黄舸的“替身”。王峰只是人群中一位平凡的年轻人，没有学过表演，也并不热衷于名利，他只是跟随着自己的心在做决定。

为了能完成好扮演黄舸的任务，王峰一闲下来就在办公室里联系模仿先天性进行性肌营养不良症患者僵硬变形的指形——正是这个无奈的病症，最终夺走了黄舸的生命；为了更接近黄舸的形象，王峰认真修剪了头发，跟着黄小勇一起去公园里练习使用轮椅，一遍又一遍地排练和奶奶见面的场景；见面那天，为了更接近黄舸瘦削的身材，王峰只穿了很薄很薄的衣服……这一切都是为了谎言能圆满而精心做的准备。

奶奶与“黄舸”终于见面了，老人伸出手去抚摸“黄舸”的手，王峰始终保持着模仿肌营养不良症患者的手形，只能在心里感受这一份深沉的爱。为了让奶奶安心下来，黄小勇精心安排了一顿“送别”饭，告诉奶奶，“黄舸”吃完饭就要去美国治疗了，或许要好几年才能回来……

大道无疆，大爱无痕。这一场“爱的谎言”在大众的默默关注下，顺利完成。事实上，这样的善意谎言是那么美好、珍贵，充满力量。蔡康永说：“我的说话之道，就是把你放在心上。”或许这正是谎言善恶的界限与标准，在任何时候，“放在心上”，都是源于我们生命中最原始朴素的那份情感，因而也拥有了神奇的力量。

我们的生活其实早已离不开善意的谎言，请相信，它的存在，是真善之举，让脆弱的生命更加坚强，让复杂的人事变得简单，让忧伤的人儿快乐起来，让自卑的朋友重拾自信，让孤单的生活充满友情，如果可以让平淡的生活多一些光彩，少一些失望与绝望，多一些梦想和希望，我们为善意的谎言留下一席心房，又何尝不可呢？

关于幸福这件小事

二十五岁，她参加朋友的婚礼，第一次当伴娘，遇见第一次当伴郎的他。婚礼上，新郎亲吻新娘，她与他四目相对，散会后他跑过来递上一张纸条，慢慢展开来，一行刚健的文字映入她的眼帘：“做个朋友可以吗？”他带着迷人的微笑望着她，等待答案，她偏偏低下头转身跑掉，又忽然回转身哈哈大笑，于是，昏黄的夕阳给白衣翩翩的青年镀上一层灿烂而甜蜜的光辉。

二十七岁，他们在一起三年了，结了婚，他的手机壁纸是结婚照，就算常常被同事们用来开善意的玩笑，也不曾想过要换掉，他喜欢搂着她喊“宝贝，宝贝”，她会一边敲打他的头一边笑骂“猪头，猪头”。她每天早上总会早起半小时为他准备好早餐、挤好牙膏、选好这天要穿的外衣和应该搭配的领带，他会在每天下班后，带着她最爱的水果回家，待吃过晚饭，趁着她洗碗收拾的时间，洗好切好，一片一片喂到她嘴里。

二十八岁，他们迎来了生命中的一对天使，他说喜欢女孩，她说想要男孩，没想到上帝让他们都心满意足。他总是说：“你看，女儿长得像我，儿子长得像你，儿子那么丑，将来找不到媳妇怎么办？女儿肯定没问题，以后最少也是校花级别的，追她的人一抓一大把。”嘴里说着，每次都一手抱一个，舍不得放下。

三十岁，两个孩子都是淘气包，为了让孩子得到更好的照顾，他一人扛起了养家的担子，她放弃了心爱的工作，回家相夫教子。他们常常一起畅想孩子的未来，他说，女孩富养好，男孩要上进；她摇摇头说，女孩要贤惠，男孩稳重点好。说着说着，谁也不服气，于是吵了起来。卧室的门被孩子们敲开，一声爸爸妈妈，又让他们忘记了生气的原因，一家人暖暖地相拥而眠。

三十五岁，他下班回家，她在厨房忙里忙外，他来不及整理衣衫，抱起冲他奔来的一双儿女。她从厨房出来，一边摆着碗筷，一边望着满地狼藉，正想埋怨一大两小又胡乱折腾，忽然听见隔壁房间传来孩子们的嬉笑声，无奈地摇摇头，嘴角却微微上扬。两个小淘气变成了大淘气，吃饭的时候总是像打仗，虽然工作很累，但他承担了洗碗的艰巨工作，洗得不紧不慢，等着她从身后环上来一个大大的拥抱。

四十岁，他买了百合送给她，她满心欢喜地接过来，嘴里却埋怨着，不是节日也不是纪念日，干吗要花这冤枉钱，都是四十岁的人了，何必像年轻人一样玩浪漫。说着满屋子找花瓶，最后在储物间的角落里翻出来结婚时候的水晶花瓶，想一想居然已经记不得上一次是什么时候用到它。他静静地看着她到处比画着，考虑应该把百合花放在哪里，仿佛看到了二十年前那个白衣飘飘的女子。

五十岁，他忽然说头疼得厉害，吃了药也不管用，她心里担心得要命，想给在大学上课的孩子打电话，他摇摇头，让她别打，别让孩子担心。于是她扶着他，从三楼一步一步往下走，她忽然发现他的腰身不再挺拔，肩膀不再宽广，整个人都小了一圈似的，她心很痛，很想哭，但是忍住了，她知道这个时候自己必须坚强。他习惯了自由自在，住院的日子不好受，好一点之后，他跟她开玩笑说，看来我以后多病多灾，要是得了老年痴呆可怎么办？你不会嫌弃我吧？她一边喂他喝汤一边回答说，我听说老年痴呆只会记得自己愿意记得的东西，到时候就知道，你有没有把我放在心上了，如果你还记得我，对我来说，你就没有痴呆；如果你不记得我，那一定记得我年轻时候的模样，我怎么会嫌弃你？

五十五岁，女儿结婚了，嫁了个好人家；儿子儿媳去到了遥远的国度生活，拥有了自己的一方小天地，以及一个美得不行的混血宝宝。儿子想把他们接去度假，他和她却说，国外的日子过不惯，还是在家好，闲着没事去公园溜达溜达，比在国外到处问路好多了。尽管如此，一双儿女终究还是离开了这个家，日常视频电话不多不少，大家都保持着温馨的距离。对于儿女的事，他总是嫌她太唠叨，却又背地里偷偷打电话给女儿，想她常回家看看她妈妈。

六十岁，他退休了，她也老了。他的老寒腿越发严重起来，她不再为了掩饰白发而染发；他喜欢清晨去遛遛鸟，她依旧保持着早起打扫的习惯；他习惯陪她去买菜，她习惯过马路的时候伸手去拽他的衣角。有行人向他们投来羡慕的目光，她不好意思地把头转向一边，脸上浮现一抹少女般的娇羞。

七十岁，焚香、沐浴、看《红楼梦》。他终于有了大把的时间来做自己喜欢的事情，坐在女儿买的摇椅上看书，尽管眼睛已经有些模糊。她总是待在他身旁，把书架上的相册一本一本地拿下来翻看，十年之前，二十年之前，三十年之前，四十年之前……他说，认识你那天，你是古灵精怪的小妖精，现在成老妖精了；她哈哈笑了，说，早知道你老了这么难看我才不嫁给你呢！仿佛就是一个转身，一辈子就这么过来了，那些美好的时光，近在咫尺，又远在天涯。

八十岁，儿子一家回到了故土，女儿把父母接到了身边照顾，他们终于可以享受天伦之乐了，虽然他常常记不得儿子女儿孙子孙女，还有重孙女。是的，他终于还是逃不掉老年痴呆的命运，身体也一天不比一天，然而，如她所说，他还记得她，他只记得她，他叫她“宝贝，宝贝”，她凑到他耳边，敲打着他的脑袋说，现在你真的是猪头了！然而这一切都已经不重要，因为那些幸福的时光，早已定格在她和他的生命中。

关于“幸福”这件小事，从来都不是一言承诺，也不是一捧玫瑰，更不是一纸约定，在漫长的时光里，一路并肩，从欢欣雀跃到步履蹒跚，从青螺发髻黑丝到两鬓斑白，从海边看日出到牵手看夕阳，幸福从不曾远离，只是默默跟随，等待有一天，你转身遇见它。

我很喜欢林语堂一句真实淡然的话："什么是幸福？一是睡在自家的床上，二是吃父母做的饭菜，三是听爱人给你说情话，四是跟孩子做游戏。"一语道出了幸福原本的模样，是经历过大喜大悲抑或跌宕起伏之后才能体会得到的简单、知足和平凡的魅力。

所谓平凡，大概就是生活的本色。平凡的人过着平凡的日子，上班下班，上学放学，毕业恋爱，结婚生子，育儿养老，一辈子下来，生活的主题不外乎柴米油盐酱醋茶。平凡人生淡如水，年轻的心注定容易厌倦，容易抱怨。厌倦也好，抱怨也罢，到了一定年纪，一切都会豁达，你会发现平凡生活的美好，会理解和原谅自己年轻时候的倔强，会珍惜一路走来领略过的好的坏的风景，也更懂得欣赏这个世界每一处平凡的幸福。

广场上，年轻的妈妈们带着小朋友们在喷泉边嬉戏，银铃般的笑声随风飘向遥远的天空，融入绚丽的晚霞，每一个人都笑靥如花；超市里，年轻的恋人相互依偎，有说有笑地选购商品，他们正打算去拜访长辈，跟他们说结婚的计划；公园里，古稀老人执子之手相伴同行，微风轻拂，垂柳清扬，想起年轻时候在这河岸边的一吻定情……一千个人心中有一千个哈姆雷特，那么，一千个人心中同样有一千个幸福的模样吧。

在困顿的清晨，慵懒的午后，抑或是闲来无事的黄昏，我喜欢一把藤椅，一壶清茶，静坐一隅，享受阅读的平静，那些经典之作，反复拿来看看，每一次都会有新鲜的领悟和更加深切的感受。记得第一次看马尔克斯的《霍乱时期的爱情》，是在大学外国文学老师的推荐之下时，那时候年轻气盛，浮躁得厉害，这样大部头的文本，着实看不下去，看了三分之一便搁置在书架上，待两年之后换寝室，收拾行李时才又发现积满灰尘的书本，轻抚干净装回了家，在那个暑假看完了迟到的三分之二篇章。《霍乱时期的爱情》是可以读很多次的作品，初读时是荡气回肠，多年后再看，领悟到的是——平凡世界中最伟大的幸福便是平凡——确实是需要经过岁月洗礼后才能看到的生活本色。

平淡之中见真味，只有懂得生活的人，才有能力嗅出平淡中的甘甜，正如亦舒在《理想生活》中说的那样："什么叫作理想生活？不用吃得太好穿得太好住得太好，但必需自由自在，不感到任何压力，不做工作的奴隶，不受名利支配，有志同道合的伴侣，活泼可爱的孩子，丰衣足食，已经算是理想。"当然，关于生活的希望与欲望，关于拥有与占有，知足的标准与底线，全然在每个人的心中。人生犹如梦境，如同我们无法活在梦中一样，总有一天我们将和这个世界分离，和曾经拥有的一切道别。所有的好的坏的，悲伤的和美好的，一切的一切都只是虚无，留在后人心中的，大概只会是一个名字而已。而这一场单程旅行，我们注定会经历无数的劫难与欢欣，如何坦然面对，平和相待，感受旅途中微小但真实的满足，是我们获取幸福的开关。

在网上看到过一则暖心的短片，名字叫《Love is》，是韩国导演的作品，短片里的旁白只有短短几行，却让人过目不忘：

我们的家，不用很大，几十平方米，温馨就好。

我们的存款，不用很多，父母老了，我们负担得起就好。

老公，不用很帅，风雨一生，足够的包容和担当就好。

宝贝，不用很优秀，长大以后，懂得如何端正做人就好。

生活，不苛求一帆风顺，磕磕绊绊，我们能并肩解决就好。

工资，不用很高，偶尔出游，偶尔庆祝，够开销就好。

当我们老去，回看这一生，没有太多遗憾就好。

笑看风雨，平安知足，仅仅如此，就好。

我想，这个导演或者编剧，定然是一个真正有福气的人吧，是感受得到周遭幸福因子的人，对生活心存感恩，对世界充满善意，我想要能努力成为这样的人：安然，欢喜，幸福，仅仅如此，就好。

讲究的生活，不将就的人生

Coco在上海工作的那段日子，房东是一位上海奶奶。Coco在她家里住了大半年，发现她每隔几个月就会把家里重新布置一遍，把沙发桌椅换个位置，把墙上的书画更换一新，阳台的花似乎从来没有凋谢过。Coco很好奇，有一次帮她推着沙发，忍不住问道："奶奶，其实这沙发放在那边也蛮好的，为什么你总要搬来搬去的呀？"老奶奶把沙发推到窗户边，回答她说："这是有讲究的，你们年轻人当然不懂，夏天的时候天气热，沙发自然要放里面，坐起来才凉快，冬天的时候放窗边，晒太阳方便！""那些画为什么要换呀？刚买了不久……""每隔一段时间换一换，心情就会不一样，就好像你们年轻人说的，气场就会不同了。”“那阳台一年四季都有花，也是有讲究的吧……”“不同的花有不同的花期，只要把花期排好就行啦！”

短短几句话，让Coco心悦诚服，仿佛已经学到了生活的大智慧。老奶奶的话让Coco想起了过世很久的姥爷。Coco小时候跟姥爷最好，从小也最听姥爷的话，虽然家里不富裕，但姥爷总是特别在意吃饭这件事，常常教导家里的小孩子“吃饭要好好吃，要有礼节”，筷子不能插在饭碗里，盛饭量力而行，吃饭要吃干净，不能剩一粒米，对于女孩子又格外严格一些，吃饭喝汤要慢而秀气，不能大口咀嚼，不能用手抓东西吃……

Coco的姥爷和房东奶奶的讲究，是他们各自私藏宝典里的大学问，外人看着新鲜，自己也过得舒服。当然，人生这么长，世界这么大，人类如此复杂，我们总会遇见一些事，是抗拒不了的，在我看来，不失底线，也就不失为过。常常听爸妈说起他们小时候，刚好遇上粮食紧张的年代，对童年的印象用一句话形容就是：日子就将就点过，衣服将就点穿，剩菜将就点吃。久而久之，将就的日子让人产生了惰性，就算生活慢慢好起来，也对讲究失去了动力。这样的将就，带着一定的历史宿命感，谁也赖不了谁，低头认命也无可厚非。但人生的大多事，要讲究，不可将就。

（一）讲究的生活

细想来，讲究的确是一门生活哲学，说话有说话的讲究，谨言慎语，心中有敬；恋爱有恋爱的讲究，两情相悦，礼让三分；婚姻有婚姻的讲究，门当户对，互敬互爱，这些都是讲究。关于“讲究”，在王安忆笔下《长恨歌》里的时代随处可见，和粗犷的北方文化形成天壤之别。“每天早上，后弄的门一响，提着花书包出来的，就是王琦瑶；下午，跟着隔壁留声机哼唱‘四季调’的，就是王琦瑶；结伴到电影院看费雯丽主演的《乱世佳人》，是一群王琦瑶；到照相馆去拍小照的，则是两个特别要好的王琦瑶。每间偏厢房或者亭子间里，几乎都坐着一个王琦瑶。王琦瑶家的前客堂里，大都有着一套半套的红木家具。堂屋里的光线有点暗沉沉，太阳在窗台上画圈圈，就是进不来。三扇镜的梳妆桌上，粉缸里粉总像是受了潮，有点湿湿的，生发膏却已经干了底。樟木箱上的铜锁银亮的，常开常关的样子。收音机是供听评弹、越剧还有股票行情的，波段都有些难调，咝咝啦啦地响。王琦瑶就着乳腐吃泡饭并不算讲究，却偏要在乳腐里加上那么一点麻油，就成了讲究。那个时代的讲究，带着些‘崇洋’的影子，更多的也不过是为了面子上的光鲜。”

不得不承认，时代和社会的进步，让“讲究”脱离了小众的圈子，成了大多数人都可以接受和尝试的生活方式。其实就算在如今的上海滩，也几乎人人都是讲究的，出街的年轻人对穿着不仅仅停留在整洁得体的层面，更多是漂亮、品位，甚至是奢华，在他们看来，穿衣品位是个人价值观的外在体现，关于审美，保留个性，同时也令他人愉悦。我认识一个上海女生，是土生土长的弄堂女孩，说起来家境在上海算是中等，大学刚毕业，来公司面试，穿了一身 Ralph Lauran 套装，这让我们的 HR 有点小小的吃惊，略有一些不适应，最后一个问题就问了她，为什么会选择这样的装扮来面试，她说，她只是觉得讲究一点，是对自己的第一份工作应有的认真，也是对面试官应有的尊重。其实在上海这样的事情并不鲜见，姑娘们从小耳濡目染，为人处世、接人待物的讲究程度都继承了上一辈人的习惯，适当的奢侈和永久的品位，让她们从来不会在入住高级酒店或出入豪华餐厅时有所顾虑，言行举止上也总是大方得体。

Coco从上海回到北京不久，有幸参加过一次重要的酒会，选址很讲究，大堂的格调精致与内敛，每一处细节都恰到好处，满是淡淡的禅意。所有应邀而去的嘉宾都穿正装、礼服出席——除了Coco和另外两位同样准备不足的男士。Coco没有穿礼服，而是选择了一件青花瓷的旗袍，或许是不够自信，总觉得参会的人都在看着自己，只好一个人静悄悄地躲在角落里。正当她独自郁闷不知所措的时候，一个身影如救星一般的人出现在她眼前。Anni来自台湾，和Coco曾有一面之缘，或许是看到她面色尴尬，她微笑着朝Coco走过来，柔柔地问怎么了，是不是哪里不舒服。Coco吐了吐舌头，说自己穿得太随意，和大家比起来太不讲究，实在不好意思到处晃悠了。Anni捂着嘴笑了，然后脱下自己的披肩递给她，说，你把这个披肩披上就不会有问题了。她接过来一看，是件出奇别致的手工刺绣流苏披肩，和旗袍搭配，别有一番风情。尴尬的场面被一件小小的披肩瞬间化解，也让她对自己的生活态度有了新的认识，新的改变。

讲究，归根到底在于一个“美”字，宋玉笔下最美的形象莫过于“增之一分则太长，减之一分则太短；著粉则太白，施朱则太赤”，恰到好处。凡事莫不如此，恰到好处的讲究才是真正的讲究。除了衣食住行这些外在的表现，其实生活中向内的讲究，也是不可怠慢的。小两口吵架，动不动就要说离婚，常常只因一些微小的家事，或许是女人刚收拾完地板，男人进门却没有脱鞋，女人觉得男人不尊重自己的劳动，心中不爽，一句“你眼瞎啊”拉开战争序幕，男人觉得女人小题大做，也一肚子闷气，回上一句“是我眼瞎了，要不怎么能跟你过”，正式应战，一发不可收拾。这样的事情大可避免，若女人言语稍缓，把拖鞋拿到男人脚边，只说“我刚拖了地，换双鞋吧”，男人自然自认不是，“对不起，我下次注意”，又何来硝烟?

（二）不将就的人生

和经营婚姻相比，这世上最需要讲究的，也是最不可将就的，其实是结婚。当我身边的女朋友们都陆陆续续进入婚姻的围城，我也开始扮演起妈妈的角色时，小美向我们宣布她要再婚了。对于她的第一次婚姻，已经是五年前的时候，从认识到结婚，用了三个月，从领证到离婚，只一个月的时间。小美在遭遇闪婚闪离事件之前，也算是公司上下公认的安静的美女子一枚，在一次饭局上认识了前夫，两个没心没肺的年轻人喝多犯错，男生颇有些担当，跟小美说，只要她愿意，他会负责到底。小美第一次遇到这么狗血的情节，平时只在韩剧里看到过，故事忽然发生在自己身上，竟有些不知所措。我们看得出来她的犹豫，问她到底怎么想，她说，自己对男生没太大感觉，不过男生家底殷实，长得还行，虽然不是梦中情人的标配，好歹也能凑合着相处，再说，他能说出有担当的话，看来人品也不差，要不试试看?

对于小美的决定，我们没有反对，感情毕竟是个人的事情。小美打定主意之后，开始和男生正式约会，很快就打得火热，三个月之后，我们收到了小美的结婚请柬。

对于她结婚，我们是祝福的，但是对于这么仓促的结婚，我们都很诧异。

在结婚前的朋友聚会上，酒过三巡，有人半开玩笑地问她："小美，你爱你老公吗?"小美摇摇头。大家都很惊诧，不是惊诧不爱的事实，而是惊诧小美的直白。"你不会是怀孕了吧?这么着急!"小美哈哈大笑，也半开玩笑半认真地回答："现在还有谁会奉子成婚?好不容易碰上一个金主，还不赶紧拿下吗？”有人劝她说：“婚姻不是儿戏，你如果是为了钱搭上一辈子的幸福，值不值？”小美撇撇嘴：“如果真有那么一天，只要他不说离婚，我就睁一只眼闭一只眼，将就着过呗。”

可惜这种将就着过的日子，仅仅维持了不到一个月。我们连礼金都还没来得及送出去的情况下，就收到了小美的离婚宣言。

原来男生的大老板的老爹一直对这种激情造就的恋爱方式不甚接受，要求他们结婚之前必须去办婚前财产证明，对于这个条件，小美自然是打心眼里不同意的，虽然她未必真的就如自己戏言的那样爱钱如命，或许只是给了她一种很不好的感受。

两人商量一番，决定生米煮成熟饭，以此躲过家人的威逼，于是找了个良辰吉日，提前去领了证，这下可惹怒了大老板，当下就冻结了男生名下所有的银行卡和房产，把小两口赶了出去。

两人只好回到小美租住的公寓，依靠小美不多的积蓄勉强撑着，当然，这样的日子，男生从来没有经历过。

他受不了每餐人均二十块的粗茶淡饭，受不了洗澡水忽冷忽热，受不了双人床咯吱咯吱响个不停，受不了大清早窗外的车水马龙……于是，两个人开始相互埋怨，相互指责，开始针锋相对，开始发现对方婚前极力隐藏的另一面，开始反省各自的退让和将就，到底值不值？最终，男生打算和父亲和解，而父亲唯一的条件就是——他们必须离婚。

其实小美和男生并不是没有诚意，只是他们都太小看结婚这件事，小美的将就加上男生的冲动，让彼此的人生都受到了莫大的不尊重。

好在小美及时回归了生活的正轨，重新过了几年没心没肺的生活后，对感情的把握也多了几分理性。宁为玉碎不为瓦全，是小美当年的离婚宣言，也是她现在的婚姻宣言。

李荣浩的《不将就》戳中了我们的心声，“互相折磨到白头，悲伤坚决不放手，开始纠缠之后，才又被人放大了自由”。其实对女人而言，完美的感情绝不可将就。

我知道有很多人，因为父母的催促，亲戚们的施压，以及朋友们的关心，将就着结婚，将就着爱着，将就着生活，一不小心就是一生。我也常常想，人生无来事，此生也就短短几十年，有多少时光可以让我们去将就？

更何况，这样的将就，赔上的是两个人的幸福。爱情、婚姻以及生活，都是如人饮水，冷暖自知，就算暂时没有遇上真命天子，也请不要在将就中委曲求全，错过另一段原本属于你的更加美好的生活。

尊重自己，学会说No

奥拉小姐前不久和我分享了一件她亲身经历的小事。因为公司离家不远，奥拉每天都是乘公交车上下班。

某天下班，她照例坐上了回家的公交车，正好有空位，就坐了下来。

可是不知道为什么，她没坐多久就忽然觉得头晕反胃，赶紧从包里拿出纸巾捂住嘴，闭上眼睛养神，尽力克制自己想吐的欲望。

公交车行驶到市中心，上来了一对母子，小孩子看起来三四岁的样子，一上来就走到了奥拉的面前。

奥拉原本一直闭眼休息，忽然听见身边有小孩说话的声音，便睁开眼看了看，这时小男孩正拽着他妈妈的衣服，嚷嚷着站累了，想坐下，他妈妈看着奥拉，故意冷嘲热讽地大声说，别闹了，没座位就好好站着。

这个时候，周围的人都齐齐把目光投向了奥拉，奥拉心里很纠结，如果自己不是不舒服，这座位应该是要让的，但是现在自己确实自身难保，难道非要为了面子逞强不成？售票员见小男孩一直在闹腾，便冲着奥拉小姐说，嘿，姑娘，尊老爱幼，你给孩子让个座吧。

奥拉没有多想，大声对售票员说，我身体不舒服，现在很难受，要不早就让了。估计是看到奥拉确实脸色不好，售票员便转向其他的乘客，给小男孩找了个位置。

奥拉小姐告诉我说，她下车之后五味杂陈，第一次觉得为自己争取合理的利益，是理所应当的，尊重自己，爱惜自己，才会不让生活背负太多外界的压力，让内心轻松起来。其实奥拉小姐的经历，我也曾经遇到过，如出一辙。

刚怀孕两个月那会儿，去医院做检查，因为还看不出来，坐公交车的时候被要求给老人让座，我本能地站了起来，又被先生一把按了下去，他转过头对乘务员说：“对不起啊，我夫人刚怀孕。”

他说完又看了我一眼，说："尊老爱幼是对的，但也要量力而行，该拒绝的时候还是要拒绝的。"

我先生的话，说到了我的痛处，这么多年下来，我似乎一直太在意别人的看法，常常忽略了自己的感受，面对他人的要求和决定，我总是经常说"好的"，然后是为了这句"好的"把自己折腾得够呛。很早的时候就知道这样一句话，人生一半的麻烦，源自你说 Yes 太快，说 No 太慢，但活了小半辈子之后，才真正懂得这句话的意义所在。

"你说'好'，不是因为你必须这么说、不是因为有个契约要求你说……而是因为你心里清楚知道，你愿意说'好'。"

这是电影《好好先生》的台词。电影结束的时候，还有这样一段话，"凡事答应就会带来好运"仅仅是个幌子，真正重要的是，人必须懂得权衡当下的决定，学会如何控制自己何时该说"好"，何时该说"不"，而不是一味地答应。

这两句台词让很多人念念不忘，人生这么长，说 Yes 也好，说 No 也罢，唯不能失掉自我。在中国的传统文化，或者说传统道德观念中，对自我意识的回避显而易见，"温良恭俭让"，"塞翁失马，焉知非福""退一步海阔天空"……在这样的传统观念引导下，我们想要忠实于内心，为自己而活的想法，似乎变得很难。

这样的困扰，大多数人在职场上都遭遇过，尤其是面对新的工作环境时，常常会面临各种貌似无法抗拒的安排和要求。

比如领导临时的加班日程，不管你是在休假带孩子，还是在参加难得的聚会，只要一个电话打过来，你就不得不改变行程赶往公司，此刻你的内心潜台词大概是，我不想去，但是不去，领导会对我有意见吗？

比如因为工作关系认识的职场朋友，坚持拜托你介绍公司领导认识，吃饭送礼你都各种借口躲过去了，却躲不过他们隔三岔五的电话轰炸，最终你不得不妥协，冒着被领导批评的风险，给出一个号码，然后自求多福。

再比如同事的工作任务完成不了，因为你的一技之长，来找你帮忙解决，你答应了一次，接下来就是接二连三的求助信息，为了同事情谊和团队和谐，你一次又一次妥协、忍让，付出了额外的精力，却为他人做了嫁衣，甚至最后升职的是他，而不是你。

“No”是个再简单不过的词语，却那么让人难以启齿，因此才有了“人在江湖，身不由己”。的确，尊重自己，说起来容易，做起来难。在生活中想要完全地真正按照自己的心意而活，并不是现实，毕竟我们每个人都承担着生活的巨大压力，不得不在意他人的眼光与评定，有时候也会被迫地为难自己，委屈求全，尽管如此，我们也不能停止倾听内心的声音，明白“悦己”先于“悦人”的重要性。在日常的生活里，如果单是因为不好意思去拒绝，违心地答应下来，最后效果达不到他人的要求不说，还搞得自己心中怨气满满，真是吃力不讨要的事。

上大学那会儿，同寝室的室友里有一位来自北方的女孩。

大家都知道北方女孩性格豪爽，来了没多久就和大家打成一片，只一个学期下来，她就成了系里系外最受欢迎的非校花级别女生。

因为大学和家在同一座城市，我在寝室休息的时间并不多，因而和她走得不远不近，偶尔也会参与她约的饭局，八卦一下爱情宣言什么的。

可是慢慢地，我发现北方女孩和刚来的时候有些不同了，大家在一起吃饭的时候她的话愈发少了起来，室友们都私下猜测，她是不是谈恋爱了，所以一门心思扑在了爱情上，和大家在一起的磁场受到了影响。

好在上大学谈个恋爱之类的事情并不算离谱，大家对她的八卦时间并没有维持太久，后来也就渐渐淡了，与此同时，大家聚会玩耍的次数也越来越少了。

或许是我不常在寝室，无法构成八卦中心的缘故，北方女孩在一个偶然的机会，跟我吐露了心声：“你知道吗？很多人表面上跟我很好，说是好朋友什么的，其实都是因为我花钱大手大脚，经常一起吃饭最后都是我结账，淘宝凑个单我给了钱也没找她们要过，本来我觉得这种事情都是常来常往的，谁先出钱都没关系，下来大家心里明了，这次不给下次补上就好了呀。

“但是后来这种事情总是没完没了了，有时候她们手机没钱了，都直接打电话给我让我帮忙充值，后来也不知道是忘了还是怎样，见面也不提钱的事情……我现在都害怕了，只要有人有事儿找我，我就下意识地要躲开，就算是正常的聚会，我也提心吊胆的，我都怀疑我快抑郁了……”

原来如此，难怪她最近总是独来独往，完全失去了刚来时的活跃模样。“像这种事情，为什么不直接说清楚了？你不把自己的想法跟人家说出来，那些不够自律的人还不得一直理直气壮，你还不得一直受着闷气，难道接下来三年你要一直躲着不成？”

在我的世界里，对于不为你着想的人，绝对称不上是朋友，当然你也不用为他们担心太多。北方女孩看了我一眼，叹了一口气，说："我实在不知道怎么开口。"我想，或许在她内心深处，介意的并不是这件事情本身，而是不知道如果捅破了这层窗户纸，会不会失去之前建立的所有所谓的友谊，会不会失去别人的信任和认可。

北方女孩的内心挣扎，也是当年的我常常遇到的困扰：同学请我帮忙，答应吧，怕自己能力达不到；不答应吧，面子上又过不去，于是，勉强接招，背后把自己累得半死，如果事情没有什么意外还好，一旦有半点差池，自己过意不去不说，还给自己平添了不少麻烦。也曾有男生对我暗示交往，答应吧，心里又不是那么决然的喜欢；不答应吧，又怕伤了别人的心，最后连朋友都做不成，只好能躲就躲，能躲多久是多久。室友们喜欢打麻将，没事儿就拉着我组上一局，答应吧，自己不爱打麻将也从来没赢过；不答应吧，又怕扫了室友的兴致，同在屋檐下，以后难相处……好像自己的生活忽然变成了为别人的生活而生活，好累！

如果换作今日的我，或许我会很认真地告诉那个北方的女孩：只有懂得尊重自己，才会换来他人对自己的尊重。

在人生的长久阶段里，作为女人在自尊自爱的问题上，常常比男人来得更艰难。大家都说，女人是感性的动物，其实感性本身并没有什么不好，只是对于感性基因的自我控制，往往对我们的生活状态产生莫大的影响。

太过感性的女生，在自我尊重的意识上不够坚定，甚至会自我压抑，在遭遇不公或者他人的不尊重时，会更偏向自我怀疑，尤其是面对感情这件事上，想勇敢却勇敢不起来，只好选择忍受或逃避，一直生活在不安里，殊不知，这样一来，既委屈了自己，也会伤害到别人。

有些事情，我们可以想得简单一点，人人都有自己的爱与不爱，人人都有自己的想与不想，“对不起，我们还是做朋友会更好”，“对不起，我可能没有办法帮上忙”，请你相信，这些说出口的拒绝，将换来别人更好的选择。被你拒绝的求爱者，将会找到更合适的爱人；被你拒绝的求助者，将会得到更有力的帮助。

活得自在安然，是我们每个人都向往的。在合适的场合，合适的机会，适时地说出“No”，是好的人生必备的能力，也是释放内心压力的好方法，就算暂时会遭遇他人的不理解，我想，那也是暂时的，形成正确的气场之后，你一定可以为自己赢得更多的掌声和鼓励。

八十四号小姐的淡雅人生

如果不是她自己提起，大概周围没有人会相信，这个穿着高跟鞋，浑身散发着淡淡香水味的妇人，年轮已经刻上一百一十年的痕迹。

是的，她就是严幼韵。生活中我们常常会提到“名媛”“大家闺秀”这样的词汇，而严幼韵就是这些词最切实的代言人，从某种程度上来看，可以说是“最后一位”真正的名媛。

严幼韵出生在宁波，长大成人之后进入复旦大学读书，是复旦首批女学生之一，而她传奇的一生，似乎就是从她把小轿车开进大学校园的那一刻，正式开启。她出身名门，出入都带着司机和随从，高大上的排场让她迅速成为校园偶像，被大家称为“八十四号小姐”，而84是她当时的车牌号。

这位八十四号小姐，风华正茂，虽然进校是为了读书，但依然保持着奢华的生活方式和个人化的生活节奏，譬如衣着打扮，不仅天天不重样，而且件件都是定制的。校园里的男生常常为了一睹芳容，站在校门口守候，只为从匆匆驶过的轿车窗外，瞥见一眼。对于这种“万众瞩目”的感觉，严幼韵是从小就在经历着的，因而也并不意外和排斥。好在那个时候学校里还没有女生宿舍，严幼韵大多时候都会回到南京西路上的那座豪宅中。

后来，严幼韵在复旦的舞会上认识了当时的政府驻菲律宾总领事杨光泩，这个人在1929年成为她的先生。和三个女儿在一起的幸福生活并没有维持多久，杨光泩被日军枪杀，严幼韵不得不担负起独自养育孩子的重任。作为从小就集万千宠爱于一身的上海名媛，严幼韵的态度出人意料，她把一切悲怆都深藏于心，没有半点抱怨与悔恨，非常镇定地继续生活着，甚至在任何时候，都让周围的人感受到她无比乐观的状态。

严幼韵现在住在美国纽约，作为一位百岁老人，平日里不仅喜欢阅读，旅行，打麻将，还喜欢下厨房烤烤蛋糕，或者做做女工，甚至很乐意与朋友们邀约购物，以及认识各种新朋友。很多人都很羡慕严幼韵现在的人生状态，不论曾经艰难困苦，至少现在过得潇洒自在，对此，她曾自嘲说，活成现在这个样子都是因为自己：“不锻炼，爱吃多少奶油就吃多少，不回首。”

不回首，这是多少人嘴上说着，却从不曾做到过的事情，而在严幼韵看来，确实理所应当。寻常生活中，严幼韵最常说的一句话是，事情本来有可能变得更糟。就算是自己外出被车撞掉了门牙，她也只是会笑笑说，真幸运，只是把牙撞坏了而已。她就是这样，从不为过去的事情介怀。2003 年，严幼韵被查出患上了癌症，手术结束五天后，她选择回到家中休养，并且在几个月之后的首演上，重新穿上了旗袍，踩上高跟鞋，翩翩起舞。

这世上，一直乐观快乐到白头的人，才是真正的幸福者。严幼韵的人生不可复制，但她的心态却可以学习。不为往事悲伤，永远向前看，以平静的心态迎接每一个崭新的日子，就可以把人生的每一天过成好日子。

当然，一定会有人说，生活哪能容得下我们每天都乐呵呵，不把任何悲伤放在心上。或许是吧，有的人会遭遇孤独的童年，有的人会因出身不够富足而自卑，有的人会在感情道路上命运多舛，有的人命中注定会与家人分离……我们几乎可以确信，这世上没有人真正拥有一帆风顺抑或完美的过去。有人说，一切皆有因果，如果"一切皆有因果"是合理的存在，那么只要能够正视和接受你正经历的"果"，应该就不难体会到豁然开朗的感受。

《安徒生童话》里有这样一个故事，当我们长大成人后，大概已经全然不会记得，几十年后再看，童话也不会全是骗人的。一对清贫的老夫妇，想把家中唯一值点钱的一匹马拉到市场上去换点更有用的东西。老头牵着马去赶集，他先与人换得一头母牛，又用母牛换了一只羊，再用羊换来一只肥鹅，又把鹅换了母鸡，最后用母鸡换了别人的一大袋烂苹果。在每次交换中，他都想给老伴一个惊喜。当他扛着大袋子来到一家小酒店歇息时，遇上两个英国人。闲聊中他谈了自己赶集的经过，两个英国人听得哈哈大笑，说他回去准得挨老婆子一顿揍。老头子坚称绝对不会，英国人就用一袋金币打赌，于是三人一起回到老头子家中。老太婆见老头子回来了，非常高兴，她兴奋地听着老头子讲赶集的经过。每听老头子讲到用一种东西换了另一种东西时，她都充满了对老头的钦佩。她嘴里不时地说着："哦，我们有牛奶了！”“羊奶也好喝。”“哦，鹅毛多漂亮！”“哦，我们有鸡蛋吃了！”最后听到老头子背回一袋已经开始腐烂的苹果时，她同样不愠不恼，大声说："我们今晚就可以吃到苹果馅饼了！”结果，英国人输掉了一袋金币。看，不为失去一匹马而埋怨，就算只有一袋烂苹果，至少也有好吃的苹果馅饼可以拥有，这样的生活才是色彩斑斓的，才会幸福满溢，才会享有意外收获的可能。

不论你相不相信，当我们从并不美好的过去中走出来的时候，一定是快乐的。这样的自我修复过程，其实人人都有，可以自主调节和治愈，只不过，每个人的修复能力不同，经历的时间必定也是不同的。正当年轻时的我们，遇到不顺利之事，常常一觉醒来就会被抛到脑后，但随着阅历的增长和对世事的认知越来越深，这样的自我调节功能似乎反而越来越迟缓，或许是调皮的“主见”在顽固地挣扎，也可能是忽然之间对自己无法把控的事情产生了怀疑，甚至是失望。

不过这样的情况并不用太过担心，如同我们的免疫系统一样，修复能力也是可以通过“训练”去增强或是加快，譬如自我暗示，譬如养成习惯。当然，一切不完美都是存在的，既然已经发生，就不可能完全消除，只是这样的存在，在你的意识中，必定有强弱之分，若是你把它看得重了它自然就是重的，如果你看得淡了，它自然就是不重要的。换句话说，乐观与悲观，不过是一念之间的事情。

就拿工作来说吧，相信每个人都曾在工作中遇到过不公、疲惫不堪、感觉无法继续下去的时刻，大多数人最常用的态度是抱怨，抱怨公司抱怨领导抱怨同事以及抱怨自己，带着怨恨的情绪，一天又一天地煎熬下去。其实在工作中，出现任何问题都是正常的，当你选择将怨气日复一日积累下去，最终量变产生质变的时候，是否可以考虑改变一下自己的心态，努力把眼前的事情视为一种经历，找回当初选择这份工作的激情与愉悦，重新走入新的轨道呢？想一想自己现在的工作，是不是曾经梦寐以求的？是不是从小就期望能尝试的？至少是你感兴趣或是某种爱好吧？于是你会发现，你完全可以愉快地接受眼前的任何问题，将每一次好的坏的际遇都当作人生的乐趣，不再为了工作而工作，不再为了临时的加班而烦闷，不再为了漫长的枯燥的项目而苦恼……

之前有缘看到过一些佛法的教言，其中有这样一段描述，让我一直念念不忘：“面对同样的半杯水，悲观者会伤心于杯子一半是空的，而乐观者会满足于杯子一半是满的；面对同样的一朵玫瑰，悲观者会哀叹花下有刺，而乐观者会赞叹刺上有花。”多么精美的比喻，把我们的生活态度表达得淋漓尽致。

有人说，在遇到困难时，乐观的人会先找到外部原因，而悲观的人则会先找自我原因，从而给自己增加无形的压力，并且这种压力会日积月累，渐渐在脑海中形成根深蒂固的，习惯性的，甚至是永久性的自我认识。这样一来就糟了，你的人生还有什么精彩而言呢？简单地想一想便可知道，如果你邀请朋友参加聚会，朋友因为有事在先而拒绝了，但你并不会认为朋友是真的有事，而是觉得对方不愿意与自己相处，或是对方对自己的安排不甚满意，那么接下来的事情是，你们的关系将会越来越疏远，直到降至冰点。是的，这和拥有乐观心态的人所看到的世界大为不同。我们无法否认，乐观的人，不论遇到怎样的艰难险阻，都会活出自我的风采，而在悲观者眼中，一切圆满都透着沉重。

人的内心所能容纳事物的空间真的是有限的，你愿意储存的乐观和快乐越多，悲观和烦恼自然就会越少。我们都知道，人生在世，不如意事十有八九，而这些十有八九的不如意，最终都逃不出我们内心的掌控，平静、乐观地看待，注定了人生这一段单程的苦乐哀愁。

哲学家爱默生也说："生活的乐趣，取决于生活者本身，而不是取决于工作或地点。"所以，在这个世界的任何一种维度中，不论我们遭遇何种不公、挫折和险境，静下来调整心态，放松每一刻的心情，安顿好每一次被误伤的内心，为明天的自己营造一个好的开始，是你最应该做的事，不是吗?

梦想，不过是个痛快的决定

我们常常说，爱情是有保鲜期的，如此一来，所谓完美的爱情就有了天然的瑕疵，跟任何一种美味的食品一样，保鲜期一过，就失去了原本的鲜味，不能不面临分离或妥协。其实不仅仅关乎于爱情，婚姻也好，友谊也好，都无疑会被岁月划出各种各样的界限来，一个段落接着一个段落，就这样连成了漫长的人生。

于是在我们生命中出现的任何际遇与世事，也都被盖上了时间的印章，有了出厂日期和保质期。大概你也曾感叹过，很多事还没有来得及做，时间就溜走了，而当时光进入另一个维度，那些想要做的事，再也无法实现和完成。

时光不停地为生命注入活力与新鲜，同时也毫不留情地给出了期限，以此时刻提醒着我们，人生不可重来，也容不得我们事事瞻前顾后，“等待戈多”只是遥远的传说。在合适的时间做对的事，怀揣着勇气和力量，付诸行动，你才会在垂暮之年毫无悔意。

有这样一个古老的故事。古印度的一位知名哲学家在临死前，将自己所有的著作焚烧殆尽，只留下一句遗言——如果将人生一分为二，前半段的人生哲学应该是“不犹豫”，后半段的人生哲学则是“不后悔”。这是他对自己这一辈子做出的最后的注解，令人折服不已。而真正了解这句话背后故事的人，更是为之动容。

哲学家曾经遇到过这样一位女子，在某年某月某天，敲开了他的家门，对他说：“让我做你的妻子吧，错过我，你将再也找不到比我更爱你的女人了。”

对于女子，哲学家是心有所动的，但是他凭借自己的理性，对她说：“我需要考虑考虑！”女子听后转身离开。

女子离开后，哲学家开启了研究模式，将结婚和不结婚的好与坏都清楚地罗列在纸上，结果却让他更加苦恼，原来好好坏坏都各占一半。他开始苦思冥想，却越陷越深，最终发现，不管他在哪个层面增加何种理由，都无法让自己下定决心做出选择。最后的最后，他只得到了一个结论——在无法做出选择时，应该大胆尝试人生尚未经历过的方向，才会抛开想象，真正体验到和理解到某种处境。譬如结婚，他不曾经历过，任何的好与坏都只是曾经看到和听闻的他人的经验，既然无法做出明确的判断，为什么不去大胆尝试？

于是，哲学家最终决定答应女子的请求。然而，当他来到女子家中求婚时，女子的父亲只冷冷地说了一句：“你来晚了，我女儿现在已经是三个孩子的母亲了！”哲学家听了几近崩溃，无法接受自己的深思熟虑只换来空欢喜一场，之后两年，他抑郁成疾，直到生命的最后一刻，才终究悟出——前半段“不犹豫”，后半段“不后悔”这样的哲学定义。

《大话西游》里有句经典台词：“曾经有一份真挚的感情摆在我的面前我没有珍惜，等我失去的时候才追悔莫及，人间最痛苦的事莫过于此，你的剑在我的咽喉上刺下去吧，不用再犹豫了！如果上天能给我再来一次的机会，我会对那个女孩说三个字：我爱你，如果非要在这份爱上加一个期限，我希望是一万年！”现在看来，这句台词是在这里最好的注解。

虽然哲学家拥有你我凡人都无法企及的信仰与探索精神，可依然犯下了这个世界最常见的错。只是略有不同的是，哲学家把“犹豫不决”放在了“寻找答案”的路途中，而我们大多数人，只是单纯地以为，还有时间，还有机会，还会遇见……殊不知这些“还有”都只是凭空闪现的假象，当你回过神来，想看的电影已经下架，想吃的水果已经过季，想见的人已经离开，想买的房已经涨价……

当然，和哲学家的际遇所不同的是，当下的爱情故事中，大多数的犹豫不决，是为了心中某个“恋”字，默默付出所有的青春和光阴，就算过着与理想中背道而驰的生活，也依然藕断丝连着各种心迹。因为忘不掉，所以不选择，这是我们常常听到的借口和托词。

人生真的很奇怪，即便是再阳光明媚的女子，心中都会暗藏一个小小的秘密，一定关于爱与恋。可能那个人从未真正走进过我们的生活，可能那个人已经从我们身边路过，可能那个人在遥远的地方做着看不见摸不着的承诺，可能有很多种可能的那个人，我们想要帅气地甩掉那个身影，却反而时时都记得。你犹豫着要不要和这样的生活一刀两断，还是勇敢地冲上前，却又一边犹豫一边继续搜集着关于这份感情的一切消息，你为此默默地付出了大大的心力，明知道未必能换来合理的结局。某一天那份情感忽然峰回路转，那个人转过头再一次凝望你，承认错误，流泪祈求——白日梦而已。终有一天你会发现，你所做的一切都是镜中花水中月，与他人生命无关。把犹豫这条路走到头，死胡同的概率会有多大？我想不用多说你我都懂。

有的人后悔没能率性地去争取，也会有人后悔一念之差斩不断情丝。虽然并不是所有人都会在未来的某一天对自己的选择感到不值，但后悔当初没有斩断情丝的心绪，还是很痛的。得不到，已失去，分了手，转了身，心里却还住着一个人，这是世上最孤独的人生阶段。爱情走了，放开彼此其实是最好的选择，可是两个人在一起久了，渐渐成了习惯，习惯又成了自然。自然就好像是生活的基础一般，一旦打破就意味着对全盘的颠覆。在这样特别的人生段落里，就算生活无法给你一个明确的答案，也请你给自己一个痛快的决定。

面对选择能够痛快果敢的女人，必定会造就不悔的人生。有人说是美貌与才华成就了林徽因完美的一生，然而细想来，她的不平凡之处，绝不仅限于此——她似乎永远都明了，自己想要什么，自己的人生需要什么。她在十六岁遇到才华横溢的徐志摩，一个情窦初开，一个风华正茂，遇见彼此是命中注定。两位都是诗意浪漫之人，然而作为女人的林徽因却远比徐志摩理智得多。当林徽因发现始终无法摆脱徐志摩已婚的事实，无法忽视徐志摩糟糠之妻的存在，她果断地选择了离开，无声无息地走了，不带走一片云彩。就算后来徐志摩为了她绝情地与张幼仪离了婚，林徽因依然坚定着自己当初的选择，与徐志摩各安天涯了。

太多人为这一份浪漫未长久的爱恋感到惋惜，为徐志摩感到不值，或是认定林徽因不够专一，然而事实上，林徽因只是在适当的时候做出了痛快的抉择，为之后大半辈子的人生道路选择了最好的方向。林徽因对徐志摩的情感，或曾真心深爱，或是贪恋浪漫，总之在拒绝过后，那份情谊被她掩埋于心，不再提起，也不论旁人眼光与后人评说，她做出了一生中最正确的选择。

与林徽因的果敢相比，另一位旷世才女张爱玲算是有情有义，在下定决心与胡兰成分手时，写了这样一封诀别信："我已经不喜欢你了。你是早已经不喜欢我的了。这次的决心，是我经过一年半的长时间考虑的。彼惟时以小吉故（小劫，劫难之隐语），不愿增加你的困难。你不要来寻我，即或写信来，我亦是不看的了。"随信还附上了三十万元钱，那是她当时新创作的电视剧本的稿费。如果说林徽因在面对徐志摩的死缠烂打时保持着理性，那么张爱玲则是对辜负了自己的胡兰成彻底死心。

关于“选择”，本身既是很难的难题，更是我们每个人在一生中需要不断去解决的难题。现在很多人都患上了所谓的“选择综合征”，瞻前顾后、犹豫不决，这些看似微不足道的纠结症状，关键时候说不定会让你的生活“掉链子”，也会让你失去许多好机会。有一些生活中再简单不过的事，大概你我都曾遇见过，当你拿不定主意该不该多花一百块钱买走那件心仪的裙子的时候，它已经穿在了别人的身上；当你暗自揣摩女孩子应不应该主动追求的时候，你喜欢的男生已经被附近的妞先下手为强；当你翻来覆去想着年假要去哪里玩的时候，机票的价格一天天地涨了上去，最后超出预算，只好在家继续宅下去……

这个时候，你便开始后悔了，如果当初不心疼那一百元，那条心仪的裙子已经挂在家中的衣橱里；如果当初可以放下心中小小的矜持，在第一时间主动出击，或许暗恋的男生早已收入麾下；如果当初能随心地找个舒适的地方度假，买下特价机票的可能性当然会大大增加……可是你的确是犹豫了，所以你也后悔了。那么人生难道就要这样不断犹豫下去，后悔下去吗？难道你真的做不到不犹豫吗？

华少说：“梦想，不过是个痛快的决定。”我想，其实人生也不过是一场痛快的决定，已经出现在眼前的任何事情，看似巧合或偶然，其实存在即合理，我们不必过分揣摩，也不必曲线求稳。想被理解，就去解释；喜欢什么，就去买吧；讨厌什么，无须掩饰；想见一人，不要扭捏；饿了，就吃；困了，就睡。

是的，人生没有办法随心暂停，但却可以随时开始，只要你愿意，果断地做出选择，很多事都会朝更好的方向去发展，痛快地决定，痛快，先有痛，后必快。

满怀野心，珍惜当下

是的，我用了Jake Bailey演讲的主题，满怀野心，珍惜当下。

Jake Bailey 是谁？他不是名人，他只是新西兰一个学生会会长，他只是一个十八岁的花季少年。但不幸的是，就是在这十八岁的年纪，他被确诊患上了癌症，尽管如此，他还是坚持带病在全校师生面前做了演讲，而这一段短短的视频，在网络中一石激起千层浪。我们总是“被坚定”地认为，未来掌握在自己手中，要拥有伟大的梦想，要朝着梦想一步一步前进……但事实上，伟大的梦想很多时候只剩下梦和想，我们却为了接近无法实现的远在天边的目标，忽视和选择忽视眼前的一切。Jake Bailey 在演讲中说，医生警告他如果不在三周内做治疗，就会死亡，并且说他已经没有机会在学校致辞。但是 Jake Bailey 还是选择坚持演讲，因为他想用亲身感受告诉大家，生命无常，珍惜当下才是最重要的事情。

Jake Bailey 的演讲让我想起八十七届奥斯卡提名短片《A Single Life》，翻译成中文意思是《单曲人生》。故事发生在某个小镇，一位看起来十分邋遢的女子正独自在家享用比萨，不一会儿她期待已久的快递送到了，是一张专门订购的唱片有 A Single Life。女子满心欢喜地将唱片放入唱片机，准备坐在舒适的沙发上，一边欣赏音乐一边享受美味。就在此刻，奇妙的事情发生了。女子发现这张唱片似乎拥有神奇的魔法，只要她人为地调整播放进度，她的人生也会随之来到不同的阶段。这令她又惊又喜，她开始不停地尝试，一会儿变成已婚待产的妈妈，一会儿变成蹒跚学步的小孩，一会儿到了受伤的中年，然后是步履蹒跚的老年，她意想不到地快进着自己的人生，然而在最后想要倒回的时候，却已经来不及，唱片已经走到了最后，她的人生也随之结束。

这是一个比 Jake Bailey 的演讲更令人悲伤的故事，也令人唏嘘不已——我们的生命是那么深不可测，无法选择，也不可跳过，我们以为每一天都会有明天，事实上我们能够确定的，只有昨天。单曲人生，长不过一曲，转瞬即逝，曲终人散。有人说一辈子太苦太短，下辈子要好好过，且不论下辈子是不是真实存在。当下却是实实在在地在我们面前需要面对。人生短短几十年，注定会充满人间烟火与悲欢离合，我们的生命承载着太多苦难与风霜，到老了再看，无非感叹一句，多少楼台烟雨中。

“人终有一死，所以要华丽，伟大且高尚地活着，要懂得感激和珍惜你拥有的机会。我们不知道会在何处扎根，也不知何时尘埃落定。”商业哲学大师 Jim Rohn 曾这样说过，“不要渺小地活着，不要因为琐事而伤痛，不要把未来放置在别人手中。未来是在自己手中的，忘了那些长远的梦想吧，把热情付诸到短期目标的追寻上。”

说得直白点吧，不要认为自己还年轻，有的是时间，要知道，我们眼前的每一秒，在下一秒就成了过去，在你还没有回过神来的时候，它们就已经被刻在了历史的墙上。冯小刚的《唐山大地震》中有一句台词，“没了，才知道什么叫没了”，字是再简单不过的字，话是再简单不过的话，看电影的时候随着镜头一晃而过，未必能走到你的心里，然而在这里读起来，是不是每个字都成了痛点？！时间是那么无情，它怎么会原地等待你的大彻大悟，只怕是等你转过身一看，就已经悔不当初。只能说时间是公平的，有花堪折直须折，莫待无花空折枝。

不过人生的确是蛮奇怪的一件事情，我们在小时候总想要快快长大，上学的时候总想赶快毕业，冬天的时候总盼着春天快点来，单身的时候总想赶紧嫁掉，结婚了又总想着要个孩子……我们的一生好像永远是在往前追赶着，常常忘记停下脚步看一看，这个冬天下了一场美丽的雪，今天独自看了一场完美的电影，孩子终于学会了第一个单词……正如林徽因所说，看每一道动人心肠的风景，珍惜每一个擦肩的路人——当你慢下来，细细看，原来现在拥有，胜过一切豪言壮语与海誓山盟。

曾经看到过这样一个有趣的故事，在某个婚礼上，婚庆司仪忽然拿出一张崭新的一百元人民币，说，现场的来宾谁想要请举手，几乎所有人觉得是司仪开的玩笑，或者是什么整人的招数，于是现场无人迎合。司仪看了看，又说，我没有开玩笑，说真的，想要的请举手。一语落定，终于有人尝试性地举起了手，接着越来越多的手举了起来。司仪笑了笑，看了看大家，把新钞票放回了兜里，重新拿出一张旧的一百元钞票，这时候，一部分人放下了手，渐渐地，放下的手越来越多，最后屈指可数。司仪最后把一位小男孩叫上了台，把那张旧钞给了他，说：“因为你一直举着手。”在座的来宾纷纷大笑，这让小男孩很不好意思，涨红了脸。司仪做出嘘声的手势，示意大家安静下来，从兜里拿出一开始的那种新钞票，对小男孩说：“我用这张新的跟你换吧？”小男孩摇摇头说：“谢谢叔叔，不用了，新的旧的都一样啊！”司仪哈哈一笑，点点头，请小男孩拿着钱下去了。然后，司仪请两位新人来到台上，说了这样一段话：“再美丽的容颜，总有老去的一天。再浪漫的爱情，也会随着生活的变化而变化。就如同我手中的钞票一样，随着时间的变化会慢慢变皱，变旧。但是也像那小男孩说的新的旧的都是一百元。它的价值不会因为上面的皱褶而改变。不是吗？希望新人能懂得爱情真正的价值和意义，不要等到容颜老去或是激情化为平淡的时候，就忘记了刚才亲口说出的爱你一生一世的誓言，请你们珍惜对方一辈子。”新人相视一笑，深深地点点头。时间走到此刻，台下的来宾恍然大悟，瞬间爆发出热烈的掌声。

正如这位司仪所说，我们大多数人终其一生，都在不停地渴望，不停地追求，不停地赶路，却忽视了眼前真实存在的幸福。“得不到的永远在骚动，被偏爱的都有恃无恐。”陈奕迅的一句歌词，验证了人性与世事的关系。很多人都觉得，得不到的才是最好的，比如“别人的老公永远是最好的”这样的命题常常成为女人们八卦的主题。那些从未得到过的事物，在心理上或多或少会形成某种欲望，人们因为欲望得不到满足而失去了幸福感，这是再正常不过的事情。但换一个角度来想，既然从未得到，也就从未给予过我们幸福与快乐，那我们又何必耿耿于怀，念念不忘——不让它们形成欲望，淡然处之，生活就会变得简单许多。而对于曾经拥有过，又错过了，失去的，那么该放下的就请放下吧。过于执着于过往的情绪，比如痛苦，比如不甘，比如悔恨，统统都会降低我们对幸福的感知能力，蒙蔽了我们的双眼，错过了眼前的美景，其实既然已经无法回到过去，不如痛痛快快地活在当下。未来到底会发生什么，谁也无从预料，与其每天活在殚精竭虑之中，或是害怕因失去而怨恨，不如好好珍惜眼前，感恩地去好好看看这个世界。感谢一直对我们不离不弃的人与事，感谢生活中简单微小的幸福，感谢自己还有机会拥抱明天，感谢珍惜生活的每一位朋友，感谢每日默默陪伴的家人，感谢正在努力的自己……

面对生活，你我都有着雄心壮志，期望能有机会给自己的人生留下精彩和辉煌的一笔，我们这么想着，也朝着目标去努力着，可是我们也需要明白的是，一切的辉煌终将归于平静，每一段精彩的人生阶段，最终都是为我们平凡的生活锦上添花。不管是锦上添花或是雪中送炭，若能实现自然是好之又好，但内心里请不要忘记，为了以后的美好回忆，请好好珍惜当下吧。

你好，你寻找的朋友不在朋友圈

不知从何时起，朋友圈成了我们生活的“必需品”，出去旅行如果不街拍几张发发朋友圈似乎就对不起花掉的机票钱，聚会吃饭动筷之前拍照发朋友圈已经升级为某种仪式，就连生病住院也非得拍张“病西施”的美照，你说大家是点赞还是不点赞?

朋友圈的世界好神奇，从早上起床到半夜惊吓，随时翻一翻,都可以看到一群24小时无休的“朋友们”在“感悟”生活，有时候很纳闷，为什么别人不用上班赚钱，整天都在旅行、逛街、品茶、喝咖啡……原来以为的那些和自己生活状态最接近的朋友，一个比一个活得精彩，我们发一条朋友圈，十几个赞已经让人欣喜不已，一看别人的截图，满满一屏，让人自惭形秽，于是我们开始郁闷了，开始琢磨，怎么能在朋友圈里活得更好呢？假作真时真亦假，真作假时假亦真。其实朋友圈里的真真假假，和现实生活比起来，真的是又可气又好笑。

秦阿姨虽然年过半百，但日常生活丝毫不落伍，各种思想都与时俱进，力争走在时尚前端。在女儿的帮助下，秦阿姨学会了使用微信，添加了女儿的朋友圈，于是女儿的一切动向，都尽在秦阿姨的掌握之中了。某一天，秦阿姨打开微信，看到女儿更新了一条朋友圈，说：“真倒霉，老公给我买的宝马车还没开一周呢，就在路上和别家的车子小小地‘亲吻’了一下。”

秦阿姨一看，吓了一跳，女儿出了车祸居然没有跟自己说。她赶忙给女儿留了言，问问情况，可是等了半天，女儿也没有回复，她焦虑起来，干脆直接打了电话过去。一连几个电话，女儿也没有接，她心里更没有底了，坐立不安起来，生怕女儿被撞进了医院，或者碰见敲诈之类的事情。越想越不对劲，秦阿姨决定去女儿家里看看，于是出门打了个出租车飞驰而去。

没多久，秦阿姨就赶到了女儿家，敲了好一会儿门，才看到女儿衣冠不整地来开门，一副没有睡醒的样子，不过倒是没看出半点受伤的模样。“哎呀，没想到你真的在家啊。你没事吧？怎么不接我电话？”秦阿姨埋怨道。

女儿揉了揉眼睛，说：“我困死了，在家补觉呢，手机静音啦。妈，你这么着急来我这里，有啥事吗？”

秦阿姨没多想便急着问起微信里说的撞车的事情。女儿听了呵呵一笑：“妈，你还真当真了，我瞎发着玩呢！”见母亲将信将疑，女儿便把她拉到楼下面去看车：“你看，真的没事！”秦阿姨松了口气，但又感到万般无奈，说：“那个瞎发什么朋友圈，搞什么恶作剧，吓死我了！”

过了两天，女儿忽然打电话给秦阿姨，语气很是不爽：“妈，你是不是跟我同学芳芳说我根本就没有撞车？”秦阿姨想都没想，说：“啊，昨天她见到我，问起你车子被撞的事情，我就跟她说不用担心，只是玩笑。”

女儿没好气地说：“怪不得她们今天在聚会的时候说话都稀奇古怪的，故意刺激我，原来真的是你，把不该说的都说了……”

秦阿姨也生气了：“这事儿还怪我了？”

女儿说：“妈，这你就不懂了。你知道我为什么要在朋友圈里发那条信息吗？我只是想低调地告诉他们，你女婿最近给我买了辆宝马。如果我直接说买来了宝马，是人都会觉得我是在炫富，太张扬了。你知道我今天有多尴尬吗？她们今天还故意问我，车子怎么样了，我当时蒙在鼓里，还说宝马维修费很贵，光钣金和喷漆就花了万把块……”

面对这样的事情，不只是秦阿姨这样的长辈无法理解，就算是我们大概也开始搞不懂朋友圈的生存法则了。认真想想，朋友圈的世界还真是很疯狂。其实大多数时候，我们看朋友圈，都会以平常的心态来对待它，会获得很多现实生活之外的乐趣，你可以看到 1800 公里以外某位挚友正在爬着长白山，看到某位剩女朋友终于开始秀恩爱，看到疲倦于工作的伙伴终于下定决心给自己放一个假，带上一家老小去外面的世界看一看……

你从朋友们的故事里感受到了阳光和生活躲起来的美好的一面，你从他们的小孤单里看到了对生活的希望和向往，你选择替烦闷的朋友排忧解难，不管近在咫尺或是远在天涯，都是你愿意去做的。这些都是朋友们之间理所应当的分享与分担。但是，我们只是在遭遇不断地“朋友圈假装事件”之后，开始不知道我们获得的分享是真情实意还是虚情假意，我们勇敢去分担的困难是不是自作多情？

无独有偶，之前有新闻报道了这样一件事情，掀起了大范围的讨论。某个公司职员为了出去玩，到医院开了假的病假条，向公司请了一周的病假。她玩得尽兴之余，没有忘记在朋友圈po出旅行的各种美照，大概她自己也没有多想过，这些照片自然是会被公司同事们看在眼里，里面不乏自己的直接领导。这下可好，公司将这些照片的截屏都保留了下来，等她回到工作岗位上班的时候，HR第一时间找到了她，拿出朋友圈的截图，告诉她说，对不起，你违反了公司的制度，请走人。

面对这样一件事，很多朋友都表示支持，生活哪里容得下你这样的不自重，撒谎也要有个分寸，不是吗？当然也有另外一种声音，如果当事人没有发朋友圈，那么这件事情也就神不知鬼不觉地隐瞒过去了，就像很多人一休假就“假装在别处”一样！发朋友圈，让自己丢了工作；不发朋友圈，这样的“骗局”一定是会接二连三地在这位朋友身上上演。

每个人经营朋友圈的态度决定了朋友圈的质量，这是毫无疑问的。就拿“假装在别处”这样的事情来说吧，身边也会有朋友一休假就突然出现在美国法国新加坡的，附上一张张完美的实拍照片，来一段不紧不慢的游记攻略，俨然是和我们这些宅在家里的人过着天壤之别的生活。

我和朋友们也小小地讨论过这样的状态，有人忽然说道：“其实大多数时候我也不想这样，只是一到假期就是各种邀约，各种应酬，不去吧，人家觉得你不给面子，或者太大牌太扫兴；去吧，自己好好的一个假期就在吃喝玩乐中没有了，想好好休息下都不行，干脆一开始就假装自己不在，也省得人家费心来找你了……其实不触及底线，比如做什么假的代购之类的，用朋友圈适当为自己的生活做个挡箭牌，也不是罪大恶极的事情嘛！”说完，大家都心领神会地笑笑。

说来也是，朋友圈的生活总会带着很多个人色彩，不管是炫耀或是逃避，归根到底都是为现实生活开了另一扇窗，通过这扇窗，我们看到别人的世界，也给别人一个看到自己内心的小小出口，当然，要为窗外的人们展现什么，都是我们自主的选择。正常情况下，那些看起来完美无瑕的生活，都是被选择出来的，显现在你面前的光鲜一面，而它的背面，又有几人愿意毫无保留地曝光于人们眼前，大多都被悄悄隐匿起来了，不是吗？正是这样，我们才更需要明白，朋友圈是一种生活，不是全部的生活。你的不是，别人的也不是。

面对朋友圈，我们能做的，是不必放在心上，别让它影响你真正的生活。或许你并不喜欢看各种自拍、各种美食和各种秀恩爱，或许你讨厌朋友们各种心灵鸡汤和促销广告……你要知道，你的朋友圈本身就不是传统意义上朋友的圈子，你无法通过朋友圈去要求的朋友，自然也无须苛求自己把每一条信息都放在心上。你的朋友里，做微商的人，朋友圈里都是微商经营者或消费者，公司老板的朋友圈里多是中高层领导和行业同仁，普通青年朋友圈是狐朋狗友的聚集地，文艺青年的朋友圈唯有美照美文不可逆，非正常人类的朋友圈则是各种“症状”集中高发区域，作为观者的你，自然需要强大的内心定力了，或者宽容之心。

想一想遥远的过去，在手机和微信出现之前，那些鸿雁传书，那些以吻封缄，那些走上几里路的相聚，那些并不存在与网络上的爱情，是多么真实和单纯。并不是说微信朋友圈有多么不好，作为生活的一味调料，它自有存在的理由和优势，它也不过只是一味调料罢了。当我们意识到，朋友圈只是生活的一部分，而且常常带着伪装，那么不妨静下来想想，怎么让现实生活变得更充实一点。下班路上收起手机，去买一本有价值的书，是不是对我们更有帮助？

或者去图书馆办上一张借阅证，抑或是健身中心的健身卡，在闲来无事的时候，扔掉手机去练个瑜伽，修身养性是不是对我们更有意义？

“生活在别处”，在法国诗人兰波的笔下，成为一句跃纸欲出的响亮口号，成为19世纪一个法国天才诗人拿出一生的时间去为之努力争取的梦想。在这里，送给大家，生活在别处，泰然自若地面对生活吧。

内在怎会更重要

曾经有人在路上一边走一边用手机看股票，此时迎面走过来一个乞丐向他乞讨，他递过去一块钱然后继续赶路，一系列行为下来还没有忘记看股票。乞丐手里拿着一块钱没走开，男人以为他嫌少，很纠结地看了乞丐一眼，没想到乞丐指着他的手机说：“长期均线金叉，KDJ 数值底部反复钝化，MACD 底背离，能量潮喇叭口扩大，这股要涨了。”男人很震惊地问：“这个你也懂？”乞丐说：“不懂，我能有今天吗？”

虽然只是个小笑话，但它却简单粗暴地告诉我们，外貌绝对不是评判一个人最重要的因素，更无法由此来判断一个人的才能和品行。现在的生活中以貌取人的状况时有发生，因为大多数人更愿意相信“眼见为实”，却忘记了眼睛只负责识别，而眼睛背后的判断，则是需要用心去体会、去理解、去消化的。简单来说，一个人是不是有真才实学，是不是有万贯家财，是不是有位高权重，又怎能是一双眼能看透的呢?

被称为香港四大才子之一的蔡澜说，看人是一种本事。

是的，人不可貌相，还是这句老话，只是在这个看脸的时代和社会，我们越来越注重颜值，而它背后的一切，都被渐渐淡化，被忽略。一夜之间，颜值好像成了衡量一切的标准，只要你颜值够好，穷一点是小家碧玉，穿什么都是个人品牌，犯了错容易被原谅，好像整个宇宙都为颜值高的人种下了许愿树，做什么事情都理直气壮、顺理成章。而相对应的，颜值低的人常常状况百出，被歧视、被忽视，似乎也成了恒定的规律一般。

在美国有这样一对老夫妇，为了给过世的儿子留下纪念，在没有预约的情况下，直接去拜访了儿子生前毕业的学校——哈佛大学的校长。那天，妇人穿着平常最喜欢的条纹棉布衣衫，而她的丈夫则随便穿了一件便宜的西装，两人就这么去了哈佛校长的办公室。校长秘书打量了两位老人良久，好像是在判断眼前这两个“土鳖”是否真的有价值与校长见面。

老先生客气地说想见校长，秘书则礼貌地回应，校长很忙，没有预约，恐怕难以接待。两位老人没有多说，只是安静地在休息区等候，一等就是好几个小时。校长秘书原本想采取不搭理的方式，希望他们会知难而退，没想到他们却一直在等。

终于，秘书有些沉不住气，只好进屋跟校长说明了情况，哈佛校长听了，也有些不耐烦，但出于礼貌，还是同意见一见。就这样，两位老人见到了哈佛校长。老妇人告诉校长说：“我们有一个儿子曾经在哈佛读过一年，他很喜欢哈佛，他在哈佛的生活很快乐。但是去年，他出了意外去了天堂，我们想在校园里留下一些纪念。”

校长从未遇到过这样“大言不惭”的人，甚至觉得这件事情非常可笑，他毫不客气地说：“夫人，我们不可能为每一个曾读过哈佛而后死亡的人建立雕像的。如果我们这样做，我们的校园看起来像墓园一样。”

老妇人说：“不是的，我们不是要建雕像，我们想要捐建一栋大楼。”校长重新仔细地打量了一下眼前的两位老人，慢悠悠地说：“你们知不知道建一栋大楼要花多少钱？我们学校的建筑物都是超过750

万美元的。”

两位老人没有说话，校长反而高兴起来，他想大概这次总算可以把他们打发走了吧。正在此时，老妇人忽然转向她丈夫说：“只要750万就可以建一座大楼？那我们为什么不建一所大学来纪念我们的儿子？”这并不是一句玩笑话，也不是避免尴尬的托词，因为就在这件事情之后，两位老人来到了加州，成立了斯坦福大学。这次历史性的见面，被人们戏称为。史上后果最严重的一次“以貌取人”。

在我们身边会有很多人，虽然口头上说着“人不可貌相”，但待人接物还是会不由自主地“以貌取人”，人们似乎生来就会有意无意地自动选择美丽的事物，追求美丽的事物，这并没有错，但是将美丽等同于美好，将漂亮与幸运、能力、成功甚至是智慧联系到一起，却是有失偏颇了些。尤其是对于女人而言，从一出生起，就面临着被“以貌取人”的巨大可能性，不管她有多么优秀，或者多么平庸，面容就已经站在了最前面，成为世人评价她的基本定位。并不是危言耸听，只是现实略微残酷了一些。曾经有媒体走进校园做过一个很“不近情意”的调查，他们采访了很多学生：“是不是学习成绩好的长得都不好看？”学生们的回答五花八门，其中一位漂亮女生回答说：

“可能是吧。”当下就有很多人猜测，这位女生学习成绩大概不会好到哪去，否则她应该不会这么回答。外表能决定学习成绩吗？外表和智商有关系吗？我想，答案显而易见。

人们在“漂亮”朋友的地位上，确实是会偏向另一个极端。这样的事情在演艺圈更加明显，大众总是认为“花瓶”与“实力派”不可兼任，但是实际上，我们只是简单地接受了眼睛传递来的信息，却无心去做更加全面的了解与判断。不过，对于“漂亮的女人只能做花瓶”这样的论断，在历史长河中能找到太多惊人的例子，足以强有力地予以回击。

海蒂·拉玛就是这样一个女人，在她的生命中不仅有着艳星这样的定义，同时她还是位出色的科学家。什么？艳星和科学家？怎么可能同时存在于一个人，而且是女人身上？然而生命就是这样，处处都拥有奇迹。海蒂·拉玛是奥地利人，她曾经用迷人的外表征服了很多男子，以至于众人都忽略了她过人的才智，这让她非常苦恼，她希望人们能透过美貌的屏障，看到她更加完美的一面。海蒂·拉玛在她的一生中，成功地发明了“扩频通信技术”，这项技术实际上为无线电移动通信技术奠定了坚实的基础。当初海蒂·拉玛发明这项技术的初衷其实是打算用于制造武器，是的，你没有看错，这个精致的弱女子还是个坚定的纳粹反对者，虽然扩频技术在当时并没有受到美国政府的重视，但是不得不说，这项技术在当下正在被广泛地应用于手机移动通信等行业中，这样一位女子，如何能让我们以貌取之？

如果说海蒂·拉玛生活在二十世纪，并不是太有代表性，那么到了二十一世纪，我们其实看到越来越多的漂亮女人做出了漂亮的事业。比如，万人迷贝克汉姆的娇妻维多利亚。

维多利亚是谁？是曾经红遍大江南北的歌手，也是全球最性感男士贝克汉姆的终生伴侣。有人开玩笑说，她就算不再靠脸蛋和身材吃饭，就算是拼老公，也是人生大赢家。然而维多利亚却是那么不甘寂寞，在演唱、设计和商界之间游刃有余。来看看维多利亚的辉煌人生吧：辣妹组合唱片总销量超越 7500 万，9 首英国销量排行冠军单曲；个人品牌 VB 超 3000 万英镑的营业额；2014 年身价就达到了两亿一千万英镑，同年成为联合国亲善大使……

她的 VB 品牌在创业初期饱受质疑，准确地说，绝大多数人等着看她的笑话，大概是觉得她那会儿“连道线都不会画”，“不过这样一来我也没有心理压力了，因为大家都觉得我的设计肯定很烂。”

维多利亚坦然面对，“我没想那么多，我踏入时尚界不是要证明给谁看的，我只想证明给自己看。”从这些话里不难看出，维多利亚是充满野心的人，在她一百六十厘米出头的娇小身躯里蕴藏着无限的能量，如同她的美貌，似乎具有很强的侵略性，而越是满怀野心，就越要时刻保持冷静与自信，维多利亚做到了。十年功与过，维多利亚终于立足于时尚界，在这个看脸的时代里，她用美貌、野心和才华告诉我们，真正的“人生赢家”——既能负责貌美如花，又能负责赚钱养家。

不可否认，在生活中，漂亮的人可以凭借自身的天然优势获得更多的机会，更容易获得赞扬，偶尔会有一些成功的捷径，至少也会有多一些的追求者……我们常常开玩笑，长得丑不是你的错，话不中听但一点没错，“身体发肤，受之父母”，我们并没有丝毫的选择权和决定权，幸好上帝是公平的，虽然它无法给予每一个人完美的外表，但它给了每一个人同等的拥有成功的机会。

红遍网络的网络上 Shini Park 就没有海蒂·拉玛和维多利亚那样惊为天人的先天优势，她没有天使般的容貌，也没有魔鬼般的身材，总的来说是走在大街上都不会有人注意的那一款。然而她却穿着最平常的衣衫，蹬着最普通的鞋子，从千万网红里脱颖而出，博客知名度能荣登全英时尚博客前十。有人说她照片拍得好，却没有看到她在每一处细节上的独具一格，没有看到她真的做到了，把普通的美打造出奢侈品的效果。Shini Park 出生在韩国首尔，小时候跟随去到波兰，后来考入了世界闻名的英国中央圣马丁艺术与设计学院，专攻平面设计。她现在为自己争取来的一切，都源于在此之前的每一次努力，以及每一次被“以貌取人”。“有人天生就靠颜值吃饭，而有些人就只能拼实力，但拼着拼着，却成了最好看的一批人。”Shini Park 用自身的经历告诉我们，真本事与美貌无关。

没办法，我们的确身处一个看脸的时代，庆幸的是，这不是个只看脸的时代。

如何做聪明女人

《易经》里有一句话，叫“潜龙在渊”，意思是君子要善于保存实力，凡事不要轻举妄动。君子也好，女子也罢，年少轻狂也好，成熟稳重也罢，偶尔读读这样的生活哲学，总是好的，终有一日方可用到。

当我们渐渐远离那个“初生牛犊不怕虎”的年纪，开始安定下来审视周遭的一切，你开始有了自己的处事原则。你会觉得世事难测，在广泛的交际网络中，保存实力，给自己留一张绝地反击的底牌，是对自己的最好保护。过去无数次被欺负、被掠夺，失败和跌倒，都让你清楚地意识到，过早地亮出底牌，那是幼稚的自己单纯且愚蠢的行为。

对于女子而言，因为性别和个性的特殊化，很多时候都会遭遇所谓“职场潜规则”。《北上广不相信眼泪》的第一集中，马伊琍饰演的潘芸用一箱白酒放倒了客户，这个桥段在现实生活中应该是普遍存在的，当然，我们更希望每一个女同胞，最终赢定职场不是靠酒量，而是专业和职业。

认识一个在公关公司工作的姑娘，资质普通，学历普通，看起来整个人中规中矩。按照公司 HR 的意思，她能进到公司完全是因为急需用人，如果单纯以岗位要求而言，她确实不够出众，基础也不是很好。她的直接领导并没有对她寄予厚望，给到她的客户不是别人不愿意接的，就是小得不能再小的案子。

尽管如此，她还是把每一项任务都完成得圆满顺利。与她同期应聘进公司的还有一位人美嘴甜的女孩，凭借出色的外表和口才，一来就获得了领导们的青睐，也获得了很多接触重要客户的机会，这几乎和她形成了鲜明的对比。一段时间下来，小姑娘的工作看起来和她的人一样中规中矩，而漂亮女孩则常常有意无意地暗示，自己通过各种接触，认识了越来越多的企业高管和老板。没过几个月，恰逢公司十周年庆典，需要联系赞助商，这样建功立业的机会，漂亮女孩怎么能错过呢？她信心十足地开始张罗开来，微信、短信、电话，请吃饭、请喝酒、请唱歌，各种招数齐齐上阵，然而不到一星期，就被深深击溃了，原来她口中的成功人士和老板们，除了看到她的漂亮脸蛋之外，连她叫什么名字都说不清楚，哪里还愿意掏钱。

眼看庆典的时间越来越近，漂亮女孩沉不住气，只好找到直接领导帮忙。领导皱了皱眉头，对她所说的话将信将疑，但为了顾全大局，也为了自己解围，只能赶紧召集大家开会商议，一番讨论下来，最终决定让小姑娘临危受命，再去试一试几家大客户。

所有人都明白，这件事情就是烫手的山芋，完成难度好比签一单年度大 case，心里都琢磨着，这次小姑娘算是做了替罪羊，虽然这么想，大家也只能冷眼旁观，谁也不敢多言几句。令人意外的是，小姑娘不但没有说半句不情愿的话，更是在三天时间里，迅速搞定了两家赞助商，当她拿着赞助合同回到公司的时候，几乎所有同事都对她竖起了大拇指，刮目相看。

唯有漂亮女孩很纳闷：自己哪儿都比她好，为什么她能做到，自己平日里关系维护也不错，结果费了半天劲，却空欢喜一场！可是她哪里知道，小姑娘在别人请客户吃饭的时候，在研究客户的每一个产品和作品，在别人陪客户唱歌的时候，在琢磨客户的每一次推广策略和规划，在别人伸手朝客户要钱的时候，她却告诉客户他们的产品缺陷和经营痛点……

如你所见，这个社会很功利，很浮躁，但是也很公平，如你所想，职场如战场，要做将军，职业实力才是你手中的盾牌，专业度才是你最好的底牌。我们无法真正了解身边每个人对我们的真实态度，无法知道合作伙伴的利益关系能良性运转多久，更无法知道对手会在竞争中做出如何的反应，这样一来，事情可能就稍微复杂了一些。大多数时候，我们会觉得瞻前顾后犹豫不决是不够果断不够专业的表现，但在某些事情上，考虑周全，“武装到位”，给自己留下退路也是必不可少的策略。

如果我说，在爱情、婚姻和家庭的关系中，我们也需要给自己留下一张底牌，大概会有很多人认为，这样是对爱情和婚姻不尊重，不自信，不全心全意？其实感情世界中防不胜防的故事我们也听到过很多，被人欺骗或抛弃的事情，发生的频率也不能说很低，而这些故事里，女人们通常都是弱势的一方，为自己考虑深远一些，不足为过，更何况留下后路与全心投入，二者并非是冲突的矛盾体，这张底牌，也并不一定是只为自己的利益而留，更应该是为了守护爱情，维系婚姻和保护家庭所留。

A小姐从小就是父母的掌上明珠，虽然家里条件一直不好，但也是衣食无忧地长大成人。因为从来没有操心过各种生活，她对生存的艰难和家庭的运营几乎是零概念。大学毕业，顺利地找到了一份工作，A小姐满心欢喜，对爸妈说，从现在起，我来赚钱给你们花。她爸妈听在心里，自然是乐开了花，但也明白，自己的闺女还有很长的一段路要走，于是只是点头应下，之后的日子也不跟她提赚钱养家的事情。

A小姐拿到第一份工资，给爸爸买了按摩椅，给妈妈买了新的衣衫，剩下的扣除必要消费，最后只剩下吃饭的钱。正在挣扎着度日的她，终于在拿到信用卡账单的那天晚上，忽然明白了一个道理，养家，是需要经济实力的。

从那天起她默默地给自己定下三年规划、五年规划，甚至更长久的理财规划，她开始计划生活的开支，开始学习花好每一分钱。

就这样，几年过去了。

那段时间，她和心仪的男生终成眷属，准备组建自己的小家庭。按照当地的风俗，结婚的时候，男方家长要给聘礼，而女人家长则要准备嫁妆。聘礼和嫁妆，最后都会交到小两口手上，成为他们新家庭的第一份保底财产。

而正是这样一件理所当然的事情，却遇到不大不小的麻烦。原来男方家里颇有实力，一下子给出了三十万的聘礼，说是给小两口买房用，换作别的女孩一定心花怒放，但A小姐却发了愁。

按照礼数，自己家里准备的嫁妆定然是不能与这聘礼相差太大，如果处理得不好，不仅父母失了面子，被街坊邻居亲朋好友当作谈资，更大的可能还会影响到两方老人的关系。

A小姐知道父母这一辈子辛苦攒下的所有积蓄加起来也抵不上聘礼的三分之一，想来想去，最后终于想到了一个解决的办法——卖掉所有的理财产品，把这几年积累下来的存款一并给了母亲。就这样，这道难关被A小姐的底牌顺利化解，小两口的婚礼也如期举行了。

A小姐的底牌说到底不是存折里的那一串数字，而是她一直以来清晰意识到的“经济”问题，我们需要替A小姐感到庆幸的是，她亮出底牌的那一刻，并不是替自己的爱情或婚姻画上句号，而是为长久相依开了一个好头。

记得《离婚律师》里有这样一段女性视角的台词：“我努力地工作，为的就是有一天当站在我爱的人身边，不管他富甲一方，还是一无所有，我都可以张开手坦然拥抱他。他富有我不用觉得自己高攀，他贫穷我们也不至于落魄。”一语中的，身为女子，我们在期望和追求拥有独立的经济能力和经济地位的同时，至少需要弄明白，我们需要这些的意义在哪里?

其实身处感情关系中的女人，尤其是婚姻中的女人，需要肩负的责任并不比男人少，但考虑的事情一定比男人多，面对的压力也一定比男人大。但所有的艰难险阻是不分性别的，所有解决问题的方法中，眼泪是最没有用的，甚至生活并不会给我们留下太多时间去擦眼泪。女人从结婚那天起就要面对接下来的一系列人生的转变，怀孕生子、教育孩子，每一天都是在战斗。曾经有人说过一段非常经典的话："每段关系，都会有波折，每对模范夫妻都会有一千次想掐死对方的冲动。”面对这些波折，有的人被打败，无奈接受分离，也有人扛过来了，熬过去了，获得了新生。

三从四德的时代早已过去，当下的任何一段关系中，女人拥有绝对的自我认知权、选择权，优秀的女子甚至能够稳稳地控制好每一个角色，那才是真正的能力。懂得在不同的关系、不同的场合、不同的对象中，保留截然不同的底牌，或许是涵养，或许是自尊，或许是勇气，或许是坚强，或许是品行，或许是善良，或许是懂爱，也或许是懂得不爱……如此才能坦然面对这个不完美的自己和不完美的世界，不需要委曲求全，也不再针锋相对，守护你想守护的一切，为你最倔强的念头留一份最有力量的后盾。

陪伴是最长久的爱

年轻的时候话很多，对自己知道的事情，想要知道的事情，看明白的人和看不明白的人，都总有无限的表达欲望藏在心里，就好像全世界都在一张嘴里。慢慢地长大了，成熟了，我们的话也少了起来，终于开始理解“沉默是金”的意义。Herman Melville曾写道:“所有深刻的东西和具有情感的东西产生前，都伴有沉默。”而我想说，最深沉的爱，是放在心里，而不是挂在嘴上。

亲情是这个世界上最柔软而沉默的感情

我爱你，虽然是再简单不过的一句话，但是对于我们大多数人而言，在记忆力或许都不曾听到爸爸妈妈说过。

亲情如溪水一般宁静，最终却拥有海洋般的博大胸怀。

太多的“我爱你”都被融入涓涓细流中，他们总是默默地在背后支持着我们，尽管偶尔也有抱怨，偶尔也会唠叨，可在最长久的时光里，依然只会在静静地看着我们长大，在内心为我们担忧，躲在被窝里叹气。

你是否记得，从小到大，每次上学后的被子都是妈妈默默地叠好，你的房间总是被她打理得干干净净，当你毕业了独自有了住处，妈妈每次去探望，也总会第一时间去到厨房给你做一顿久违的爱的晚餐……

相对于母亲的亲近，父爱更加内敛而稳重，小时候多少次被父亲托在肩上，为了让你看到更远更美的风景；被人欺负的时候，多少次是父亲挡在你前面，保护幼小的你；多少次离家远行，父亲不发一语，在你兜里塞上一沓钞票，看你离去的背影……

在我的中学时代，语文课本里还保留着朱自清的《背影》这样一篇课文，记得当时是要求全文背诵的，因而也给我留下了极其深刻的印象。那个时候的我们，青春年少，对文中的父子之情还不能完全体会和领悟，年纪大了，偶尔会想起，总觉得默默心酸。朱自清在《背影》里有这样一段经典的描述，让我们一起重温一下吧。

我们过了江，进了车站。我买票，他忙着照看行李。行李太多了，得向脚夫行些小费，才可过去。他便又忙着和他们讲价钱。

我那时真是聪明过分，总觉他说话不大漂亮，非自己插嘴不可。但他终于讲定了价钱；就送我上车。他给我拣定了靠车门的一张椅子；我将他给我做的紫毛大衣铺好坐位。

他嘱我路上小心，夜里警醒些，不要受凉。又嘱托茶房好好照应我。我心里暗笑他的迂；他们只认得钱，托他们只是白托！而且我这样大年纪的人，难道还不能料理自己么？唉，我现在想想，那时真是太聪明了！

我说道：“爸爸，你走吧。”他往车外看了看，说，“我买几个橘子去。你就在此地，不要走动。”我看那边月台的栅栏外有几个卖东西的等着顾客。走到那边月台，须穿过铁道，须跳下去又爬上去。父亲是一个胖子，走过去自然要费事些。我本来要去的，他不肯，只好让他去。

我看见他戴着黑布小帽，穿着黑布大马褂，深青布棉袍，蹒跚地走到铁道边，慢慢探身下去，尚不大难。可是他穿过铁道，要爬上那边月台，就不容易了。

他用两手攀着上面，两脚再向上缩；他肥胖的身子向左微倾，显出努力的样子。

这时我看见他的背影，我的泪很快地流下来了。我赶紧拭干了泪，怕他看见，也怕别人看见。我再向外看时，他已抱了朱红的橘子往回走了。

过铁道时，他先将橘子散放在地上，自己慢慢爬下，再抱起橘子走。

到这边时，我赶紧去搀他。他和我走到车上，将橘子一股脑儿放在我的皮大衣上。于是扑扑衣上的泥土，心里很轻松似的，过一会儿说："我走了。到那边来信！"我望着他走出去。他走了几步，回过头看见我，说："进去吧，里边没人。"等他的背影混入来来往往的人里，再找不着了，我便进来坐下，我的眼泪又来了。"

父爱就是这样，总是藏在生活的点滴里，背后却是大山一般的深沉，而我们之于父母亲这一份默默的爱，在长大未成人的时刻，都未留意过，他们也并不奢求你能如儿时一样，往前冲的时候偶然转身跑过来，一边伸开双手求拥抱，一边嘴里说着“爸爸妈妈，我爱你们”，只是当你累了，停下回头望过去，却总能看到他们，原来一直都在那里，默默地爱着你。

沉默，是最长久的陪伴

这世上最动人的情，莫过于爱情；最动听的话，莫过于情话。我们总是期望能轰轰烈烈地相爱一次，也算对得起今生今世在这世界走了一遭，但爱情也是有保鲜期的，总会有平静下来的时候，长久的相伴，离不开情话，更离不开默默的守候。

有人说，一开始，爱是疯狂和大胆。到后来，爱越发沉寂和讷言。越至深处，越会胆怯。越是在乎，越经不起一度度地折磨。一切都没有变，只是爱的重量不同了。我想这是对的。

多年前看到过一个有趣的故事，一对恋人在一段时间的相处之后，终于决定搬到一起住。一开始是甜蜜而和谐的，但久而久之，各种小矛盾小摩擦接踵而至。

在两人的世界里，女孩占有话语的优势，她总是唠叨男朋友在很多细节的地方做得不到位，譬如喝完的啤酒罐不收拾，洗了碗不关灯，很晚的时候看球赛太吵，换了鞋子乱扔……

男孩心里知道，如果跟女孩针锋相对，他不是没有“胜利”的可能，因为女孩也有很多“毛病”他也忍受不了，比如化妆品总是四处可见，比如穿脏的鞋子从来不擦……男孩并没有反抗太多，只是偶尔对女孩太“无理”的要求进行反驳，但每到此时，女孩都会说：“你就不能少说几句吗？为什么就不能默默地为我做一些改变呢？”男孩想了想，选择了沉默。

突然有一天，女孩一早醒来发现男孩不像平日一样躺在身边，她下意识地喊了几声，也无人应答。此刻，床头柜上的一张便笺映入了她的眼帘，“亲爱的，我今天加班早走，已经默默地为你做好了早餐，你不要饿着肚子去上班”，女孩笑了笑，起床洗漱打扮。

她走进了洗手间，又看到镜子上贴着一张纸条：“亲爱的，我已经默默地把马桶刷干净了，马桶盖也放下来了，你放心用吧”；女孩走进厨房拿早餐，看到一张纸条：“亲爱的，我已经默默地把昨晚你忘记洗的碗洗好了，也默默地关上了灯”；女孩来到客厅，坐到沙发上吃起来，看到茶几上的纸条：“亲爱的，我已经默默地把啤酒瓶收拾好了，希望昨晚默默地看球的我，没有打搅你的美梦”；女孩穿戴好衣装，来到鞋柜前换鞋，看到一张纸条：“亲爱的，我已经默默地把鞋子整理好了，也默默地帮你把鞋擦干净打了鞋油，祝你今天上班愉快。”

女孩看着这些纸条，眼睛湿润了，她拿起手机，发出了一条短信：“亲爱的，谢谢你默默的纸条，我已经默默地把化妆品都收好了，默默地祝你能有一个越来越好的老婆。”

心理学上有这样一种观点，认为人其实是很善于表达自己感情的生物，所谓“动于中而形于外”，也就是说，爱、恨、忧、怨、喜、怒，完全是我们内心感受的直接投射。

尽管如此，当我们选择默默地爱着，或许才能在这个浮躁的世界里，给予我们别样的恬静慰藉。在爱情这件事情上，能走进我们心里的人也自然是我们最亲近的人，既然亲近，那些向外的礼仪形式大可卸下来，我们无须刻意去制造相处的模式，浪漫也好，激情也罢，终究是不长久的，或许选择在沉默中从容不迫地尽到爱的义务，才是相濡以沫的最好方式吧。

相濡以沫的，不仅仅是亲情、爱情，还有友情

年轻时候的画家塞尚和作家左拉同病相怜——他们的作品都无人问津。为了理想，两人只好租住在巴黎郊外的一栋破旧不堪的阁楼里，靠朋友接济维持生活。后来，左拉终于找到了一份工作，多少有了些收入，而塞尚却继续执着地画着那些无人问津的画卷，过着上顿不接下顿的日子。作为一起苦过来的朋友，左拉很想支援一下塞尚，却被固执的塞尚一次又一次拒绝。

某一天，塞尚正站在窗边唉声叹气，左拉碰巧来看他。从窗户往外看去，正有一个流浪汉在不远处吃着面包。左拉朝流浪汉嚷嚷道："嘿，我敢跟你打赌，你绝对没本事让面包飞进那个屋里。"流浪汉一边说着"你等着瞧"，一边把面包抛了过来，说来也巧，面包刚好穿过窗户，落进了塞尚屋里。左拉笑嘻嘻地捡起面包，又朝流浪汉喊道："再来一次，我就不信你还能这么准！"流浪汉似乎被刺激到了，想也没想，又扔过来一块面包。左拉把面包捡了起来，默默地塞给了一旁的塞尚，说："流浪汉的心意，不吃白不吃。"

塞尚想了想，终究抵不过饥饿，猛吃起来。那天起，左拉便常常来到塞尚房间的窗前，和那个流浪汉打赌，一次次地替塞尚获得面包。久了之后，塞尚觉得哪里有些不对劲，这世上怎么会有这么傻的人？终于有一天，他忍不住跑去问流浪汉：“你总把面包扔得这么准，怎么从不向我们要赌注呢？”流浪汉轻笑了一声，调侃地说：“也不知道你那兄弟是真傻假傻，每次都给我买十个面包的钱，却只要求我把两个面包准确地扔进阁楼。你看，窗户离地不过三米而已，这真是太简单的事情了，不是吗？！”此刻，塞尚才恍然大悟，被左拉沉默的爱，感动得一塌糊涂。我想，这样的情谊，必定终身难忘。

沉默的友爱，或许近在咫尺，也或许远在天涯，平日里未必常常联系，彼此的世界也可能并没有过多的交集；真正的友爱，同样不需要豪言壮语，也不需要两肋插刀，而是生病的时候赶来看你给你带来最爱的零食，当你失恋花钱让你买醉听你唠叨陪你痛哭，在你需要钱的时候二话不说给你塞钱……这样的相识相知，是无比的幸运，让你在通往未来的路途中安心前进，因为总有一种力量，在你身后默默支撑，与你同甘共苦着。

生活就是这样，默默地付出，胜过一切豪言壮语。当你感受到那份默默的爱，也请默默地为爱你的人做出回应吧。当你面对父母偶尔的唠叨和抱怨时，请默默地为他们解开心中的纠结和担忧；当你面对爱人的苛求与不理解，请默默地为他做出小小的改变，回到愉快的轨道；当你面对友人陷入困境，请默默地替她擦干眼泪，给她一个大大的拥抱。就这样默默地爱下去，生活一定会默默地回赠你一份伟大的幸福与欢喜。

感恩生活，心才会美

在遥远的国度发生过这样一个真实的故事。

一个生活贫困的男孩为了攒学费上学，挨家挨户地推销商品，然而一切比他想象的艰难，他被无数次地拒绝，被无数人轻蔑地看着。眼看暮色渐重，他的口袋依旧扁扁，没有多少收益，疲倦和饥饿不停地在敲打着他幼小的身体，他开始动摇了，绝望得想要放弃。他实在口渴得不行，犹豫了很久，最后还是鼓足勇气却不抱任何期望地敲开了一扇门。应声而出的是一位美丽的女子，她用漂亮的双眸望着眼前的男孩，等他开口说话。男孩毫无底气地说，希望能得到一杯水，仅此而已。女子转身走进房间，片刻，又微笑着端出一杯热牛奶。

男孩接过杯子，一口气把牛奶喝光了，擦了擦嘴，又擦了擦眼睛，一边说着谢谢，一边告诉自己，世界终究还是美好的，不可以放弃。很多很多年以后，一家医院接收了一位病情十分严重的妇女，据说在此之前，她已经被转院很多次，最终才来到了这里。一位知名的外科大夫成功地为她实施了手术，挽救了她的性命。然而妇女并没有表现出巨大的欢喜，她为这次昂贵的手术费发愁不已。可是，当她办理出院手续时，她只在手术费的清单上看到这样几个字：手术费——一杯牛奶。原来，多年之前的小男孩后来成了享誉全国的外科大夫，并且一直记得那一杯牛奶的温暖；而昔日美丽的女子，却早已不记得那一次相遇，直到被“小男孩”认了出来。

女子的爱心是真诚的，她或许从未想过回报，但却奇迹般地，因为男孩的感恩，心心相传。每一次善意的付出与感恩的回报，就像这世上最美的天空与海洋，能带给我们无限大的可能性和无比宽广的未来。“感恩”是珍贵的，但幸运的是，它天然地存在于每个人与生俱来的本性之中。虽然每一段人生会有些许的偏差，那也掩盖不了它的可贵之处，只能说，我们在长大的路途中走得太快，总是不经意地把它甩在了身后。

翻开辞海，对于“感恩”的释义很简单：对别人所给的帮助表示感激。因为简单，很多人都认为，“感恩”一词源于国外，譬如《牛津字典》给出的定义是这样的：“乐于把得到好处的感激呈现出来且回馈他人。”到底源于何处，我们倒也不必深究，更何况在中国传统文化中，对于感恩的典故也是不计其数。譬如《诗经》里的“投我以木桃，报之以琼瑶”；譬如《增广贤文·朱子家训》中的“涓滴之恩，当以涌泉相报”；譬如唐代诗人孟郊《游子吟》中的“谁言寸草心，报得三春晖”；譬如冯梦龙《醒世恒言》中的“大恩未报，刻刻于怀”……感恩于心，回报于行，古今中外，莫不如此。做人常怀感恩之心，对待再微小的帮助，也铭记于心，以礼回应，正因为有了回应，我们才乐此不疲，想一想，那是多么美妙的事情。

在一座偏僻的小城里，一个善良的面包师傅，每天都会给这里最穷的几十个家庭的孩子每人一个面包。每一天的这个时刻，总是孩子们最期待的时刻，终于可以用香甜的面包抵挡一整天的饥饿了。他们总是开心地蜂拥而来，围在篮子四周，都想要拿到中间最大的一块。忽然有一天，面包师傅发现，总是有一个小女孩，从来只是安静地站在一旁，等别的孩子把面包拿走，才上前取走她的那份，当然，一定是最小的一块了。而每一次拿到面包，她也没有马上离开，而是跑到面包师傅面前，甜甜地说上一声“谢谢叔叔”，然后像小鸟一样一蹦一跳地回家去了。没过多久，孩子们迎来了自己的节日，而这一天，面包师傅照常准时把面包篮子放到孩子们中间。一阵疯抢之后，小女孩和往常一样，只拿到了最小的一块，但她依然快乐地走上前，说了声“谢谢叔叔”。

小女孩拿着面包回了家，等妈妈把面包切好，这样大家都有份可以尝到，这是她每天都会做的事。忽然之间，小女孩的妈妈惊呼了起来，同时从面包里露出了隐隐的红色——是团一起的几张钞票，妈妈看了看，把小女孩叫了过来：“孩子，马上把这钱给人家送回去，一定是有人搞恶作剧，叔叔现在大概正在找这些钱呢！”小女孩接过钱，急匆匆地跑回了面包店，上气不接下气地喊道：“叔叔，你的钱……”面包师傅哈哈地笑了，说：“不是的，孩子，这是我给你的节日礼物！祝你儿童节快乐，更希望你永远都这样纯真和优秀。回去吧，告诉你妈妈，这些钱是你的了。”

我们无从知晓，小女孩在获得这样一种奖励之后，未来会有怎样的转变，是一直心存感激，还是将此事渐渐淡忘，是如面包师傅所愿，一直单纯地走下去，还是渐渐变得世故起来。不管怎样，小女孩一句简单的“谢谢”却是那么打动人心。她或许并不知道，在这个世界上，其实没有任何一次给予是理所当然，她还并不明白，被爱，抑或是被帮助，都是建立在他人的善意之上，也带着几分缘分，可遇而不可求。

你是否还记得年幼时候，爸爸妈妈总是说，做人要有礼貌，如果别人帮助了你，一定要说“谢谢”，于是我们鹦鹉学舌地说着“谢谢”，直到有一天终于明白“谢谢”的含义；你有没有偶尔想起中学班主任唠叨“你们现在这些孩子，从来都自以为是，现在不好好学习，将来拿什么回报你们的父母，你们是觉得他们生来就应该赚钱养你、伺候你，为你累死累活当牛做马吗？我说你们别不当回事，我们走着瞧，等你们以后出去挣钱才知道什么叫付出，才知道什么叫感恩”。

在孩子们的世界里，很多事情都是简单的，谁对我好，我也对谁好；谁给我好吃的，下次我有好吃的也会分享给他，渐渐地，你的，我的，他的，就变成了“我们的”，而在大人们的世界里，这样简单的道理反而被淡忘了。当然，在我们的生活中，接受朋友的帮助和给予也是情有可原，但也不可忽视，人们的一切关系总是趋向平等，至少人们更乐意维持一段平衡的关系和状态。于是乎，我们必须明白，世上没有免费的午餐，更没有人有义务为你提供一辈子的免费服务，所以我们最不该做的，就是把他人的善意看作理所应当。

感恩，之于未来，是在心里种下大爱的种子，静静等待未来某个时刻幸福满溢。感恩，之于当下，是生活的大智慧和大哲学，让你在这个复杂的世界平静而安全地行走下去。或许很多人都听闻过美国前总统罗斯福的感恩谏言。那是在他的家被盗之后，一位朋友闻讯给他寄来了一封安慰信，大意是说让他不必太在意。罗斯福在回信中写道："亲爱的朋友，谢谢你来信安慰我，我现在很平安。感谢上帝，因为第一，贼偷去的是我的东西，而没有伤害我的生命；第二，贼只偷去我部分东西，而不是全部；第三，最值得庆幸的是，做贼的是他，而不是我。"罗斯福以平和的心态，开启了另一个感恩的视角，谢谢生活没有给他带来更大的伤害。

我们在感恩生活的大慈大悲之时，也请不要忘记，生活点点滴滴之间，陪伴我们一路成长的所有人，我们都该心怀感激。感谢父母，给了我们无忧的童年、少年，陪伴我们走过叛逆，默默看着我们健康地长大成人；感谢知己朋友，给了我们快乐的友谊和深深的拥抱，一起度过终将逝去的青春岁月；感谢老师，给了我们知识和力量，在未来的道路上铺下一块块基石；感谢那些曾经爱过的恋人们，给了我们懂得爱情的机会，才能最终找寻到心中最想要的人；感谢所有伤害过自己的人，给了我们看清世界的镜子，收获了保护自己的本领；感谢生命中遇到的每一个陌生人，在超市为你换零钱的员工，在下雨的街道撑起大伞的杂货店老板，生病时送你回家的同事……

感恩这个世界，让我们不会孤单，感恩这一段人生的旅程，让我们明白生命的绚烂！

女性最柔软的担当

于丹说："真正的女性是要寻求家庭和事业平和的，我们说这是柔软的担当。女人安详柔软的姿态，会让家安稳，进入柔软的思考。所以家中有女才是安。"

于丹的话不错，由于千百年来传统意识的束缚，我们一说到"担当"二字，都会下意识地觉得，那不是男人应该做的事情吗？！

"男主外女主内"是我们沿袭已久的家庭观念，也深深影响着女子在家庭、社会中的地位，也深深影响了女子们对自我的认知。

从"三从四德""持家有道"，到"上得厅堂下得厨房"这些对女性的褒奖中，我们常常忽略其中的潜台词：你看，无论是在哪一种关系中，女子的担当，一定会带来强大的正能量的气场，阴柔而坚定，牢不可破。

在任何一个家庭中，女子的能量是不可低估的。这一世身为女子，就意味着我们会要担当起各种不同的角色，女儿、妻子、母亲、儿媳，忽然有一天你发现，整个家庭似乎都在围绕着你在运行，纵然从来没觉得自己可以成为某种关系中的核心，但事实上，一个女子一定在她的小家庭中是最微妙的核心基因。

“妻贤夫祸少，子孝父心宽”，这句老话说得一点没错，如果你有足够的智慧和能量担当起贤惠持家的重责，你的先生一定可以更安心于工作和事业，努力拼搏冲在前头。

平静和安稳的家庭，是他回转身最安心舒适的港湾。有时候常常听到女朋友们抱怨，男朋友或者老公，总是下了班各种应酬，不愿意回家，然后两人各种互掐，每次都以吵架而告终。

除去必要的应酬交际之外，如果一个男人忙碌完一整天之后却不愿意回家，那么那个所谓家，一定有令他不愉快，甚至是恐惧的部分，作为家庭另一半的女人，此时倒是更应该好好反省一下，想想问题到底出在哪里。

对于男人来说，“成家立业”，只有成了家才能立业；而对于女子而言，“嫁鸡随鸡嫁狗随狗”，爱有多深沉，双肩就有多坚实！而一个家庭的关系，说简单也简单，说不简单也有它不简单的地方，除了爱人，它还包括着孩子、长辈、亲戚朋友……如果说男人是在努力建造着金字塔的上层塔尖，那么他背后的女子一定要守护好金字塔最牢固的基础，是的，如你所想，她守护的东西可能远远比男人需要拼搏来的东西多得多。

2011 年 10 月 5 日，美国苹果公司前首席执行官史蒂夫 · 乔布斯病逝，这位被世人称之为科技史上最伟大的革新者的男人，在五十六岁这一年离开了无以计数的果粉们。当天苹果公司的官网首页只有一张乔布斯的大幅照片，配写着“苹果失去了一位富有远见和创造力的天才，世界失去了一个不可思议之人”。

将乔布斯称之为天才和不可思议之人绝对是有过之而无不及的，迄今为止，依然有很多人去研究和琢磨他的成功之道，从创意到管理，从胆识到个人魅力，人们总是希望能通过对乔布斯生前的一切做出分析和判断，却发现他伟大的一生，终究不可复制。尽管如此，我们尚有机会从他的人生中获取到很多生活哲学，譬如，如果你透过他的灿烂的光环认真去审视，一定不难发现他背后拥有的那股温柔的力量——劳伦娜·鲍威尔·乔布斯为他所做的一切。

劳伦娜·鲍威尔·乔布斯是个看起来十分优雅的女人，她总是默默地守护着自己身前光环无数的那个男子，再一次印证了“每一个成功男人的背后都有一个伟大的女人”这句话。其实乔布斯的一生并非一帆风顺，他曾经一度失去过自己辛苦创建的苹果公司，在年轻时候也曾经历过一段狼藉而自私的感情，直到人生的年轮画上三十九道圈的时候，他才终于遇见了生命的另一半圆，当时正在斯坦福大学攻读 MBA 学位的劳伦娜。

经历过太多感情的波折，乔布斯原本并没有对劳伦娜产生太强大的信念，但他渐渐发现，劳伦娜和自己拥有很多共同的喜好，比如食素，等等。这样的共鸣可以让两个人都更容易换位思考，亲近平和地解决问题，也更容易了解对方的处境和需求，重点在于，这样的包容并不需要太多思维方式的转变，乔布斯和劳伦娜都乐在其中。

1991 年，两人举行了传统的佛教婚礼。似乎是命运的安排，从那一刻起，乔布斯的生活好像被开启了另一扇门，他不仅找回了失散多年的亲人，还重新回到了梦想的轨道上——重返苹果公司。这一切的变化，乔布斯千言万语汇成一句："这些都要感谢我的婚姻、感谢我的妻子。"

正是劳伦娜对婚姻和家庭的掌持，才让乔布斯有了更多的时间去认真审视自己的未来，去做自己想做的事，而不再担心失败后的孤单。2004年乔布斯被确诊患上胰腺癌，当时医生说，上帝只留给了他最多六个月的时间。

奇迹般的是，半年后乔布斯依然活着，并且全面战胜了癌细胞，劳伦娜在乔布斯这次"与死神擦肩而过"的日子里，每天都积极阳光地给他鼓励，不离不弃地让他感受到生活的希望。

可以把婚姻和家庭打理得妥妥帖帖的劳伦娜，并不是完全的家庭主妇，她同时拥有文学学士、经济学理学士和工商管理硕士三重学位。

劳伦娜也有自己的梦想和目标，也在积极努力地做着自己的事业，不过，在她的事业里，最重要的就是家庭。她会在苹果新品发布会悄悄现身为乔布斯捧场，她会在日常生活中首选苹果品牌，她会懂得乔布斯的信仰，把家布置得恬静舒适，开辟几亩天地，种上三两花果，离开疯狂的工作，生活一定要回归本来的面目。

就是这样一个女人，放下心中的一切，默默站在爱人的身后，在他最苦难之时，支持他的想法，让他勇敢去拼；在他风光无限之时，她选择在人群的最外侧默默鼓掌；在他身患重病之时，她日夜陪伴，陪他熬过一次又一次的治疗，给他最坚定的活下去的信念……或许，劳伦娜，才是乔布斯成功的秘密来源，他人遇不到，也求不得。

其实，在这个世界，担当，已经不只是男人的事情，每一个女子都需要为自己的选择和决定做出担当。如果说一个女强人很“强”，倒不如说她有担当。

优秀的女人从内心发散而出的责任感、独立、果敢、正直、激情，以及对工作的热爱，都是每一份担当的资本。

有担当的女子，无疑会为自己增加权威感和主导权，也会散发出与众不同的魅力，如此一来，反而会比不愿担当要来得爽快一些。

替父从军，花木兰用勇敢之心为后世之人留下了一段“巾帼不让须眉”的佳话，而今社会，不论政界还是商界，崭露头角的女性也慢慢多了起来：Facebook 的首席运营官谢丽尔·桑德伯格；英国前首相撒切尔，空调女王董明珠，SOHO 联席总裁张欣……没错，她们都是金光闪闪的巾帼女强人。在传统观念里，这样的女强人一定是比男人还精明能干，才华横溢，不仅是聪明，而且是大写的智慧。

著名主持人李静，可以说是内地女明星中经商最成功的一位了吧，她作为一枚女子，却能在网络、传媒、时尚等领域完美跨界，想想一定很不容易。

大家对她最开始的印象一定是娱乐节目主持人，到后来陆续看到有她作为制作人的节目出现，再后来是她一手创办的传媒公司和网站，忽如一夜春风来，李静的名片上多了好几行的头衔。

这么多年下来，李静常常被朋友们戏称为“拼命三郎”，连“娘”都不是，而是像男人一样。对于自己公司的运营，自然是付出了很多心血，也失去了很多生活的乐趣。她每周末都会至少留出一天的时间陪伴家人，每天下班，不管有多累，一定会在家门前停留片刻，猜一猜今天出门迎接的会是女儿还是家里的狗狗。

对于女强人这个标签，李静欣然接受，作为女明星，她还承受着比其他女性更多的舆论压力，然而面对这一切，她在某次峰会上说道:“女明星当企业家，更要有担当。”

当然，在我们每个人心中一定还有更值得赞扬的女子，比如我们的母亲，我们的老师，我们的职业偶像，生活之于她们，更多是公平且平凡的，而她们则通过自己对生命的态度，对待命运变化的心态，顺流而下或是逆流而上，把生活的节奏牢牢把控在自己手中，不论身在何处，不论身在何职，不论身价几何，她们，都用担当，扛起了生活的大旗。

宽容不是卑微，是能力

我们都是在生命中摸索着前进的人，慢慢学着去理解这个世界运行的规则，然后告诉自己，嗯，他们这么想也是有道理的，他们这么做也是有原因的……很多时候，面对一些事情，我们内心并没有妥协，只是选择了宽容，或者原谅，希望用宽容换来更和谐的生活环境，更和睦的生存关系。可惜总有事与愿违的时候，当你的宽容让你在生活中不断碰壁，或许你该停下来想一想，是哪里出了问题？

小曼凭借优异的成绩，一毕业就进入一家 4A 广告公司做文案助理，一做就做了七八年，慢慢从助理做到了策划，又从主管做到了经理，虽然一路也磕磕碰碰，但好歹也是衣食无忧。半年前，她们公司就接到了一个大 Case，是一则需要在全渠道发布的广告。因为小曼的工作能力出众，这则重要的广告都交给她来执行。小曼对这份工作很在意，生怕哪里出了问题，带领着团队，一遍又一遍地核对各种信息，然后按照流程递交了上去。然而墨菲定律真的是无处不在，人们越担心的事反而越会发生。

两个星期后的一天，总监拿着一堆小样找到小曼，“啪”的一声往她面前一扔，怒吼道：“瞧你干的好事！所有广告页面的电话都少了一位！你是哪根筋不对？是生完孩子变傻了？还是年纪大了扛不住了？这么简单的事情都做不好……”就这样，总监在所有同事面前，把小曼骂得体无完肤。在总监终于爆发完一通怒火之后，小曼强忍着眼泪说：“是我没看出来，我承认，我也愿意承担之前所有的损失，但所有稿子都走了流程，您这里是最后的审校环节，您不是也没看出来吗？您不是也签了字吗？”当然，面对小曼的“顶风作案”，总监哪里会认栽，气得他指着小曼说：“你 XX 马上给我收拾东西，有多远滚多远，你以为公司少了你一个就不转了吗？！”小曼也彻底放开了：“有什么了不起，下一个滚的就是你！”

说出去的话就是泼出去的水，一时痛快是有的，当然，小曼第二天就被打包走人了。很多朋友都跟她说，你当时忍忍就好了，想一想公司为这件事情确实也损失了不少，你也的确是有错，对总监的话不要太耿耿于怀，宽容一些，也不至于丢了这份高薪的工作。每次听到这些话，小曼都直摇头，说，错是错，对是对，我分得清，就事论事我接受，人身攻击不可忍。并不是我不宽容，我只是觉得宽容也要有分寸，我如果宽容了他这一次，以后我就只能卑微地工作下去了。当然，小曼的故事拥有一个美好的结局，她在别处找到了自己想要的事业。

其实宽容和忍让是不同的，有人做出过这样的注解——宽容不是没有原则地一味忍让与迁就，宽容与忍让是度的问题。忍让者是为了求得暂时的安宁，对和解双方关系做出的牺牲行为。忍让得好，会带来良好的效果；忍让得不好，却会带来恶性或不良的结果。忍让是一种软弱的逃避，而宽容是站在比较高的层面上驾驭两人的关系，对冲突或矛盾有原则、有范围的理解和包容，使双方关系在可控制的包容和理解中向良性的方向发展。宽容是积极主动地处理解决事件。

央视曾经做过这样一档栏目，以《宽容背后的无奈》为题，报道了某个木偶剧院，原本是规定不允许观众带零食入场，然而假期一到，面对广大孩子及家长的强烈要求，不得不妥协，同意孩子们带着零食入场，但是也一再要求家长，不得随地乱扔垃圾。然而，结果是什么呢？最后换来的是演出结束后，大量随意丢弃的垃圾、塑料袋、矿泉水……不仅如此，你或许还曾遭遇过这样的处境吧：

当你好不容易入睡，却被深夜施工的噪声吵醒，原来是隔壁邻居在清运垃圾，好吧，都是邻里街坊，还是宽容一下吧，于是一宽容就宽容了三个月；当你正想在办公室睡个午觉，却发现同事在看电影，而且是公放，好吧，都是同事，还是不得罪的好，宽容一下吧，于是一宽容就宽容了两三年；当你一大早跑到医院去给生病的孩子挂专家号，好不容易就要轮到自己了，前面却来了几位老人，好吧，尊老爱幼，反正都排了这么久了，宽容一下吧，于是一宽容就又排了一个小时……

我们对宽容的定义，其实颇为广泛，自然不仅限于爱的关系之中。有人说宽容是一种修养，有人说宽容是一种原则，还有人说宽容是智慧的思考方式。不论我们对宽容做出何种注解，都不得不承认，宽容的终极目的，是让自己和身边的人都安宁地生活和工作，不被怨气所伤，不为琐事烦恼。一个宽容的人，想来定是大度而谦逊的，善解人意，礼貌待人，自爱自律的，更重要的是，一定懂得宽容的分寸。竹庆本乐仁波切曾经说：“培养慈悲心的过程，必须找到一种平衡……所谓的慈悲并非是时时刻刻都笑脸迎人、故作平静，例如，有人要打你巴掌时，真正的慈悲是阻止他们这么做，而不是任由他们打你，因为这是会造下恶业的。”也就是说，宽容的定义其实分为 AB 两面，一面是正向的，以包容之心对待生活和他人，不计较得失，容许他人犯错，并能懂得原谅；另一面则是反向的，所有的包容绝不是一味妥协，而是正面面对，对他人和自己负责，不能让他人永远错下去，无底线地做坏事。那才是真宽容。

“因为爱过，所以慈悲；因为懂得，所以宽容。”这是出自张爱玲之口的爱情名言，被很多女子奉为“圣经”。在爱情中以宽容为信仰，大概没有多少人能像张爱玲一样笔下生花，一击即中，却又点到即止。然而熟悉张爱玲爱情心路的人，或许会对这句话背后的故事叹一口气，事实上，生活哪有笔下留痕那么轻松，短短十六字，实为字字珠玑。

张爱玲之于胡兰成的爱情，是宽容到卑微的：“当她见到他，她变得很低很低，低到尘埃里，但心是欢喜的，从尘埃里开出花来。”她只是胡兰成众多女友知己中的一个而已，心知肚明，仍然放纵自己困顿其中。另外一方面，胡兰成是个另类的存在，虽然貌不惊人，才华寥寥，但却深知女人心。他仅仅只是在牢狱中看到张爱玲的小说，便认定这个女子拥有旷世才华，甚至暗自下定决心：“就算这文章是男人写的，也要去找他，所有能发生的关系都要发生。”当一个男人说出这样的话，可想而知他内心有多么强大的欲望，对于毫无恋爱经验的张爱玲而言，当她面对这样一个年长十岁，风度翩翩，才华横溢、表面上成熟稳重的男子，怎么可能抵挡得住？其实两人的恋情算起来时间很短，从相识到分手，不过两年而已。在此期间，面对胡兰成一次又一次杀伤力极强的赞誉，她步步退让；对于胡兰成的拈花惹草，她又次次宽容，就连胡兰成对她讲，“移情别恋从未觉得有何不妥……我已有妻室，她并不在意。再或我有许多女友，乃至狎妓游玩，她亦不会吃醋。她倒是愿意世上的女子都喜欢我。”这样的话，张爱玲依然纵容着这份感情，直到突然有一天发现，自己已经卑微得无路可退。

对于爱情，宽容于心，值得我们追求，但卑微到失去自我，却是万万不可的。到最后，张爱玲还是从尘埃里仰起了头，张爱玲和胡兰成的爱情如昙花一现，只在历史上留下了一段风流韵事便草草收尾了。爱情是要有骨气的，即便是宽容和慈悲，也并不意味着需要放弃风骨。

张爱玲不是真宽容，而当下，我们每个人都有自己专属的爱情故事，而每一个爱情故事里，一定不仅仅只有甜蜜浪漫，还会有四面楚歌、硝烟四起，甚至兵临城下。有人说，在爱情面前，人人都是卑微的。但是认真想想，一段真正高贵的爱情，怎会舍得相爱之人落于卑微的处境？我们会为很多小事吵架，越小的事情往往越会吵得不可开交，然后冷静下来转念一想，其实只要稍稍地宽容和理解，就能和好如初，破镜重圆了。在一段关系里，若是有一个人选择了宽容，那么另一个也会选择释然，这是两个人本应该有的默契。

海纳百川，有容乃大，然而感情世界里对错难辨，需要真宽容，却也要有底线，有分寸。尤其是面对已经超出底线的感情问题时，女人常常会选择无限宽容的态度，结果却适得其反，因为那个男人被“容”了一次、两次、三次、无数次之后，早已不会把你的宽容放在心上，而同样的，不可否认你在他心目中也早已失去了一席之地。这样的“宽容”已然是“纵容”，不分轻重、不明是非宁可不要。

是的，凡事都是有底线的，越过了底线，事情就会走向事物的反面，宽容亦是如此，失了分寸过了度，就是失去原本善良向上的力量。而我们要明白，宽容不是忍让，更不是卑微，而是为自己负责任地，去爱，去坚持，去生活。

孤独是王者的姿态

在被各种娱乐综艺节目霸占荧屏的当下，一次偶然的机会，看到了韩国 MBC 的一档节目——《我独自生活》。据说节目创办的初衷很简单：这个时代，在大城市里独自生存的人们越来越多，无论是单身的，还是被迫单身的，或是为了拼搏与亲人爱人们暂时分居两地的，这样一个曾经被忽略的群体，正在悄悄地庞大起来。节目选取了很多有意思的主人公和拍摄视觉，展现在观众面前的是那么轻松淡然的平凡日子，却默默地戳中了很多人的泪点与柔软的内心。

在节目里，我们看到有一起床就开始擦地板点香烛的轻微洁癖症男子；有为了打造品质生活，一看电视购物就控制不住自己购物欲望的中年男人；有出门仪表堂堂，回家邋遢至极的都市夜归人；有挑战新鲜事物成瘾的单身一族……在他们身上，我们看到人间百态，每个人的生活都那么不同，原来这世上还有人害怕自拍，还有人家里比自己还乱；在他们身上，我们能看到许许多多自己的影子，就算是一个人，也要在回家路上买回一两枝鲜花，也要做上一顿大餐犒劳一场艰辛。

这个世界就是这么奇怪，越是想要突破重围，往往却适得其反，当我们找不到突破口，只好任由自己更加封闭起来。于是一个人躲在被窝里睡大觉，一个人在上班路上发呆，一个人在下班途中溜达，一个人做一顿或丰盛或简陋晚餐，一个人在下雨的街边小店喝咖啡，一个人喝着红酒看爱情电影，一个人去心仪的城市旅行，一个人为新的收获而开心，一个人为无法克服的困境难过，一个人朝着一群人的梦想奋斗，一个人偷偷为无数次失败落寞，一个人承担任何生活的重责……生活渐渐与其他人失去了联系，全世界只剩下了自己的事情自己做，然后不知从何时开始，你发现自己竟然已经习惯了一个人过，拥有自己的小世界就足够美好，并不愿被任何人打搅到。你觉得这就是自由。

同事的姐姐今年已经三十八岁，一个人在北京漂了十几年，为了工作错过了恋爱的年纪，为了事业放弃了走进婚姻。现在的她，享受着高薪高职位，在北京买了车买了房没有贷款，休假的时候地图上随便一点就飞了出去，面对父母的催逼淡定地说，不是还有其他兄弟姐妹吗？自己反正都这么大年纪了，反而不用着急。年龄的问题是有的，不急也只是一方面的关系，更重要的是，她已经不知道什么样的人才真正适合自己。她不需要男人挣钱养家，不需要男人体贴照顾，这一切都在一个人的生活中练习过千百回。同事姐姐的身家不断增加，同时周围的朋友也渐渐远去，有的人是觉得生活层次不同了，高攀不起；有的人是结婚生子了，各有顾虑。到最后，一个人生活久了，就真的成了一个人。同事调侃地说，他对姐姐佩服至极，一个人这么久，打电话说起吃方便面，都能说出攻略来。话虽是玩笑话，但他却也暗自替姐姐担忧，不知道除了工作和钱，她还有什么。从聊天中我还听到他姐姐这样一个故事，刚去北京的第一年，生日那天她一个人躲在城郊一处偏僻的单间里，刚挂好父母打来的电话，然后听到一辆洒水车从窗外大街路过，正巧播放的是《生日快乐》的音乐，她就冲着窗外，迎合着洒水车播放的旋律，给自己唱起了生日歌，直唱到自己满脸是泪。同事说这事儿是她姐姐后来回家多喝了两杯自己爆的料，家里人才知道原来那天她说的，邀同事们一起过生日是骗人的。

我们的生活里像这样的女孩有很多很多，她们独自坚强地生活了许久，独自面对微澜与波涛。也正因如此，她们到最后也是越来越挑剔的，因为对自己太过信任和依赖，所以也顾不得维护身边来往的友人与擦肩而过的爱恋。这世上大把大把的人在感慨，无法在对的时间遇到对的人，而这样一群一个人生活太久的人们，好像并不需要迫切地找到依赖的港湾。生活让他们太过独立，成了一种瘾，令他们对“群体”生活失去了兴趣，或者他们更加相信个体的能力已经能够带来自己想要的生活，于是决定就这样一辈子单身下去了，而工作和旅行，是他们心中的某种寄托。

当然如你所看到的和体会到的，一个人生活的确可以很美好，比如你有大把的时光去旅行，去创造，去忙碌，做自己想做的任何事情，但是如果你能有时间看一看卢梭的《一个孤独的散步者的梦》，或许对自由会有更深刻的理解，他说：“我从来不认为人的自由是在于他想干什么就干什么；恰恰相反，我认为人的自由是在于它可以不干他不想干的事。我所追求的和想保有的自由，是后一种自由。”

你有没有过这样的时刻，一个人生活久了，感觉自己正在慢慢被整个世界抛弃。你没有可以时常想念的人，除了父母；你没有可以规划的未来生活，除了工作；你没有可以掏心掏肺的知己，除了陌生人和互联网。你活在自己的小世界里，给自己温暖的拥抱，却在大大的世界里，冷冰冰地孤独行走。你可以说你不怕，可是，你有没有想过，当你老了，你的回忆会是怎样的颜色?

或许有一天，你会发现，一个人生活久了，你忘掉和错过了许多许多。曾经用了好多年的 MSN 早已被停用，忽然心血来潮想要再试着打开 MSN 瞧瞧，却连 hotmail 邮箱的密码都已经想不起来；写了好多年的 blogbus 不再运营，当你突然有一天想要登录再写点什么，却只看到苍白的公告，你连拯救文档的机会都已经错过。看着 QQ 空间里的文字，你越来越提不起兴趣，QQ 的好友里越来越多的是公司同事与合作伙伴，偶尔看一看那些曾经的年少伙伴与男朋友女朋友们，头像还亮着，却不知道该聊些什么，于是作罢。

你的生活被微信、微博和资讯 APP 占据，再也享受不到每天回家一边吃饭一边看晚报的片刻松弛；你的书架被各种阅读终端和阅读 APP 替代，可以不再额外花太多的钱去买书，但再也享受不到书的香气和纸品的美好；你的交际圈被划定在朋友圈里，甚至早已忘记了那一叠一叠的笔友的书信，被锁在写字台最下面的抽屉里……其实你有很多话想说，在朋友圈里写了一遍又一遍，最终还是没有发出去，却不知道眼前这个所谓的朋友的圈子里，有多少人真正看完你的话，真正理解你，而不是指尖匆匆划过，或者看完莞尔一笑而已；你好想找个人聊聊天，却告诉自己没有谁有义务接受你负面的情绪……

忽然之间，你发现自己似乎失去了与这个世界对话的能力，也不再信任这个世界。

是的，一个人生活久了会上瘾，你觉得一切都很好，但实际上，你正在放弃更加广阔的天空。有人说，“每一个不曾起舞的日子都是对生命的辜负”，其实这个世界还是值得你去发现更多美好的！

从现在开始，去努力做一些改变吧，勇敢地走出自己的小世界，尝试着以最最真实的自己去面对生活。习惯了一个人生活的你，只是暂时少了那份久违的接受现实的勇气，暂时还在恐惧人生路途上的种种考验而已。不必担心受到伤害，也不要害怕不被接纳，用不了多久，你就会发现，每一分每一秒都是那么精彩，生活原来如此鲜活。虽然你也会发现，这个世界不完美一面，或许会让你比一个人的时候更加难过，或许会令你比一个人的时候更加烦恼，可是在你接受这些磨砺的同时，你也接收到了这个世界更多更强大的快乐信息，你会自己争取到更大的幸福机遇。

最重要的是，我们要感谢那些一个人生活的日子，教会了我们如何收敛自己的情绪，如何管理自己的生活，如何坚强而勇敢地面对挫折，如此当我们遇上另一个人，才能自信地说，以后的日子我们会更好。

道歉时，不要觉得委屈

不要委曲求全说抱歉

大三的时候，一位外系的女生忽然转专业到了姜楠班上，刚好姜楠办理了走读，阴差阳错地，外系女生小易住进了姜楠之前的寝室，住在姜楠之前的那个床铺。

因为这么一个小小的机缘，一来一去，她和她交流比其他同学多了一些，也渐渐成了蛮投机的朋友。或许是大三才转系过来的缘故，小易和班上其他人都保持着一定的距离，也或许是班里的同学们此时都各自忙着毕业前的准备，也顾及不了这位新来的同学。

就这样平平淡淡地，大家走过了大三整个学年，走进大多数人大学生活最后的一段时光。忽然有一天，小易对姜楠说，她在外面租了个小房间，准备考研，邀请姜楠有空去玩。

姜楠一开始其实并没有太当真，那时候为了考研出去租单间的同学并不是小易一个，只是有点意外，她记得小易曾跟她说过，自己出生在农村，家境很不好。

不过姜楠听到邀请的当时也没多想，满口答应下来，心想反正也没打算考研，时间有的是。

没想到小易是上了心的，一个星期之后再次发出了邀请，还说中午下厨给姜楠做饭吃。姜楠惊诧地望着她，瞬间觉得平日里看到的那个只顾着用功的新同学太不一样。

那天中午姜楠去到了小易的住处，在学校外一栋河岸边的电梯公寓里，不是她以为的单间，而是一整套单身公寓。

那天小易真的下厨给姜楠做了很多菜，还有鱼，说实话，那个年纪的女生，能做出一手好菜的，绝对比学霸更稀少。

等四菜一汤上了桌，姜楠已经对小易刮目相看。她们一边吃饭，一边聊天，忽然之间，姜楠也不知道为什么，就问起来这房的事。

小易似乎并没有太排斥，认真地说，这所房子是她男朋友出钱给她租下的，而她男朋友比她大十岁，并且已经成家立业，富甲一方。

姜楠听得目瞪口呆，感觉眼前这个女生更加陌生了。在姜楠看来，小易无论什么方面都是平凡中庸的，没有过人的才华，也没有精致的美貌，没有高挑的身材，没有丰厚的家境，怎么会被有钱人“包养”？好像有点匪夷所思。

姜楠很想往下问，却觉得这种事情，不好开口。反倒是小易更淡然一些，说：“我知道你想问我，为什么要做‘小三’，其实我自己也不知道，我什么都没有，而他有的是钱，要找比我漂亮比我好的女人轻而易举，而且他老婆是留学回来的博士，他有两个很漂亮的女儿，我也问过他，为什么就看中我了，他说，只是一种感觉，第一次看到我，就觉得是可以交心的人，所以希望留我在他身边，然后慢慢地觉得和我在一起，比跟他老婆更合拍，然后就成了现在这个样子。你看，这所房子是他给我租的，如果考上研究生，他会资助我上学，然后出国留学……”

姜楠问她：“你打算就这样一辈子了？他有妻子和女儿，你以后怎么办？再说了，你不怕他骗你吗？”

小易笑笑说：“我有什么值得他骗的？如果说他

想玩一玩，那么在我们交往的大半年里，他没有碰过我一次，给我租房子这么久，从来没在这里过夜过。他说他和他老婆已经没有感情，迟早会离婚，只是想等女儿大一些，这都是时间的问题。”姜楠无言以对，只好低头吃饭，两个人在这件事情上似乎达成了某种默契——秘密，就是这样产生的。

姜楠原本以为事情就这样过去了。没想到过了不到一个月，班上的传闻甚嚣尘上，都是关于小易被土豪包养的各种版本。

男生传的故事里，带着几分鄙夷和自负；女生传的故事里，带着羡慕嫉妒恨。

忽然有一天，小易找到姜楠，对她狠狠地说：“我这么相信你，没想到你是这样的人，背后说三道四算什么朋友，我宁愿没有你这样的朋友。”姜楠半天才反应过来，马上解释说：“你误会了，我从来没跟任何人提起过你的事情……”“那怎么会有人知道？这种事情，难道我自己会到处宣扬吗？从始至终，我就只跟你一个人讲过！你怎么解释？现在所有人都在笑话我！当然我也不怕他们笑话，既然都已经这样了，我过好我自己的生活，我也不管别人怎么说，我只是难过，被最信任的朋友背叛了！”说完，小易不容姜楠再说话，捂着嘴转身跑掉了。

姜楠心里很不是滋味，这件事情的确与自己没有关系。

她考虑了很久，不知道该怎么挽回或者解释这样的事情，于是找到她哥帮忙。

姜楠的哥哥已经毕业两三年，社会阅历好歹比姜楠丰富一些，听完整个事情，他只对姜楠说了几句话："既然自己没有错，就不要违背原则去道歉，真正的友谊是坚不可摧的，真朋友总会回来，不必强求，现在能做的，就是严肃地告诉她，你没有错，所以不道歉，让时间给出事情的答案就好了。"姜楠给小易发了一则短信，按照哥哥的意思，郑重地将事情解释了一次。小易没有回复，一天，两天，三天，一个月，一年，三年……姜楠知道这位朋友已经从生命中路过了，但她没有感到内疚，她没有做错任何事情。

然而，人生就是千回百转，转来转去，很多人还是会再一次聚到一起。姜楠没有考研，毕业之后顺利进入一家企业工作，安心地过着自己的小日子，一晃就是五六年。忽然某一天，她收到了一封qq邮件，是小易发过来，她看到那个名字的时候，心里猛地颤动了一下。

"姜楠，你好，好久不见了，你还好吗？这几年我一直想找机会跟你道歉，但每次想找你又觉得见面会很尴尬，也不知道如何开口，所以就一直推到了今天。几年前是我误会你了，真的很抱歉，后来我才知道，是有同学看到我和他一起逛商场，看到他给我买了很多奢侈品，还跟着我们去了租的公寓，所以才有了各种传言。当然，现在的我，已经不用再去评价那位同学的行为，我只是想说，我替以前幼稚的自己感到惋惜，还是太不懂世事，弄丢了一位真诚的朋友。除了道歉，我也很想知道你的近况，如果可能，希望能重新开始一段成熟的友谊。”姜楠给她给回复了邮件，说了下自己的近况。一来一去的邮件联系，她才知道，小易已经研究生毕业，去到北美留学，所有的费用都是那个他资助的，而他也已经离婚，正式与小易走到一起。

这是一个圆满的故事，准确地说，是一个圆满的生活段落，因为这是我身边朋友真实的经历。姜楠的哥哥说，没有错，不道歉，真正的友谊是坚不可摧的，真朋友总会回来。这是我一生中听到的最有力量的话语之一，并且俨然已经成为我们这一群人的人生准则。

世事就是这样，并不是所有的事情，都可以用“对不起”来解决，换句话说，“对不起”并不能解决所有的事情。

不要吝啬那一句对不起

在中国式的思维方式中，“对不起”的前提是“我错了”，它的后缀应该是“没关系”，现实生活中，要完成这一整套的礼仪并不容易，从“我错了”开始，我们的内心就会无比纠结，就算承认了自己的错误，要开口说出“对不起”三个字也常常是放不下身段，并连带着觉得，既然我都说了“对不起”，如果你不说“没关系”，那么事情的导向就会发生变化，你不接受我的道歉，那么“我的错”就变成了“你的错”了。

久而久之，我们渐渐失去了道歉的能力，不管是面对重大的错误，或是微小的失误，我们都变得不知所措、犹豫不决。我们对说“对不起”产生了异样的恐惧，越是亲密的人，好像越是有难以启齿的柔弱，即便是对错误心知肚明，却也因为脸面、情面、立场、场合等各种因素，把道歉硬生生地憋了回去。就算好不容易把“对不起”说出了口，却还会在心里生出一些令人捉摸不定的心绪，担心真诚会被误解，或是得不到原谅，失去了退路。

“如果‘对不起’有用，那还要警察做什么”——很多人说，道歉只是虚伪的装饰罢了。道歉真的只是虚伪的装饰吗？当我们真的犯了错，就只是把它当作一种形式而已吗？当然不是。

在很多时候，一句对不起，承载的感情绝不仅仅只是歉意，不是低头示弱的表现，相反，是一份责任与担当。我们在人生的道路上，会犯很多的错，也会看到很多他人的错，这些不停犯下的错误和不停修复的过程，让我们从青涩走向成熟，从弱小变得强大。

我们不但需要在意每一次对他人犯下的有意无意的错误，也要时刻反省自己面对这些事情的态度与行为——你是否还曾看到，其实我们的生活中，还有许多事情是看上去没有错，却会给他人带来无比困扰。譬如，工作中你总是按照自己的方式来处理问题，却忽略了搭档的感受；譬如，聚会时，你总是按照自己的喜好点餐，却忘记了朋友有忌口。

或许你从没有想过，这样的时刻应该说一声“对不起”；或许你知道这样不对，却把“对不起”吞进了肚子里；又或许你觉得大家都那么熟了，何必说一句“对不起”……可是，说一句对不起就真的这么难吗？

希尔顿是享誉世界的酒店大亨，或许从他道歉的故事中，我们可以看到“对不起”的真实力量。有一天，希尔顿的宾馆接待了一位顾客，预定的是一间标准房，缴费之后希尔顿带着他去看房间，这个时候才发现，标准间已经没有了，只剩下同等价位的大床房。于是希尔顿只好带着顾客去到一间大床房，然而顾客并不理解，非常气愤地指责他：“我预定的是标准房，你们为什么要给我开大床房？”希尔顿赶忙鞠躬道歉，说：“对不起，都是我的失误，标准房已经满了，为了不影响您的正常休息，我给您开了这间大床房，希望您能满意。”顾客见事情已经如此，也没有别的什么办法，只好一边抱怨一边入住了。第二天这位顾客退房的时候，希尔顿特意从前台走到他面前，真诚地说道：“昨天真的很抱歉，对不起，希望您能谅解，不知道您昨晚休息得还好吗？”顾客见他如此诚恳，心中也颇为动容，点头说：“我休息得很好，谢谢你。”等客人走后，店里的服务员问希尔顿说：“昨天您已经跟他道过歉了，他也没说什么，为什么今天还要这样？”希尔顿笑笑说：“昨天的‘对不起’是出于工作的流程，在客人看来，那是我们必要的服务环节。刚才的道歉，是我从心里觉得我们工作失误了，希望客人能感受到我们的诚意，这样我心里才有点安慰，客人才会再次选择我们。”

如希尔顿所言，第一，错了就是错了，没有什么好回避；第二，对不起的根基，源自内心的真诚。正是懂得这样简单直接的标准，生活才不用背负太过沉重的道德负担，我们的真诚，足够抵消一切你能想到“对不起”的副作用。

让我们打开另一扇窗，看看当我们依旧把“对不起”的定义还是停留在真正有错的基础上的时候，英国文化做出了怎样的优秀榜样。

在英国，你常常能听到人们口中说“sorry”，这并不代表他做错了什么，而是在提醒自己和旁人，在某件事情上小心一些。你甚至可以看到这样的情形，一个不小心撞到他人的人和被撞到的人会同时说sorry，或者下雨天有人微笑地说了一句“I am sorry about the rain”。

他们对所有可能发生的，或者已经发生的事情都会说“sorry”，而没有人觉得这样的习惯有何不妥。据说曾经有过一个数据统计，英国人平均每天说“对不起”的次数不少于 8 次。由此看来，似乎这一句“sorry”已经是他们生活必不可少的部分，是习惯，更是文化。

从英国文化里我们不难看出，“对不起”除了用于道歉之外，更是一种尊重生活的友善礼节。如果我们把“对不起”看作一种发自内心的善意习惯或美好礼节，不再吝啬每一句“对不起”，慢慢找回道歉的能力，我相信，说抱歉将不会再是羞于启齿的难事。

爱情的敌人，不是距离，是空间

前阵子一个合作伙伴的姑娘小严找我吃饭，我本来以为她是照例要做些客户维护，便不想去，本来大家平时关系维护得也挺好的，对我来说真的只想多休息一会儿。

没想到小严很是坚持，又说是在电话里没有说明白的事情，一直纠结了半小时有余，我终于还是受不了，答应下来。

第二天中午一下班，她就在公司门口等着我了。我看她面色不好，当下心里就有些纳闷。

到了餐厅坐下来点完餐，我也没顾忌太多，直接就问她说，看你状态不好，是不是工作上遇到什么问题，我要怎么能帮上你？小严摇摇头，说不是工作的事情，而是感情上遇到一些困难，周围的朋友又都牵扯其中，实在不知道该找谁，想来想去，只好求助到我，想让我帮忙分析一下。

原来小严的男朋友忽然之间失踪了，说是失踪，倒不如说是失联。小严给他打电话不接，发微信不回，QQ 也不在线。

刚开始几天小严以为他又跟之前一样，有什么烦心的事情，自己躲起来静一静，可就在前两天，她男朋友的哥们儿给她打了个电话，转述了男朋友的话。

男生提出分手，小严很诧异，在她看来两个人虽然也常常因为一些鸡毛蒜皮的事情争吵，但总的来说感情一直都很稳定。

小严问电话那头，是不是男生有了新欢？还是有别的原因？对方回答说，不是因为别的，只是男生受不了她身边的那几个好朋友，整天都在骚扰他，给他施加各种各样的压力，逼着他赶紧和小严结婚之类的。

小严听了个大概，心里明白了一些事情。

我问小严，到底是怎么一回事，你们两个的朋友圈子，有这么大的交集吗？她沉默了一会儿，说："本来也没有，要说我那帮朋友，都是十几年一路走过来的，从上学到工作，我们的生活都是彼此不分的。我有什么烦心事，也都经常找他们帮忙或者倾诉。我之前交往的几个男朋友，对我都不是很好，所以都没成。我也不小了，这次谈的这个，也是奔着结婚去的，所以他们都比较上心。刚开始交往的时候，就闹着要帮我‘鉴定’，没事也会问我进展，巴不得我能早点嫁出去。

“他们这群家伙，性格都比较开朗，没心没肺的，也是觉得这次这个男人比较靠谱，所以慢慢地就把他也当成了自己人，在他面前经常口无遮拦。我男朋友性格比较内敛，更喜欢居家一些的小日子，自己朋友不多，也不喜欢应酬，但又经常被我这帮朋友拉出去谈心，经常‘被教育’，其实我也觉得这样不好，所以后来也跟朋友们说过，没什么事情就不要打搅他。

“今年春节我家里人又在提结婚的事情，我跟男朋友商量，看怎么计划计划，但是他没有什么回应，我心里也有点不知所措，就好几次在朋友面前提起来这件事情，问他们怎么办。

“后来才知道，因为这件事情，他们去找了我男朋友好多次，还经常给他发微信打电话，给他分析局势，还有的在网上看到一些案例，也会分享给他。

这次他提出分手，是因为我闺蜜路过他公司的时候，直接跑去找他吃饭，本来也没什么事，结果吃饭的时候因为旁边有很多同事，结果我闺蜜说话又没个把门的，现场就把他好好地教育了一顿，搞得他同事跟他开玩笑，问他是不是有‘恐婚症’，我想他的确压力太大了吧。”

小严不知道该怎么办，问我难道非要放弃朋友，或者放弃这段感情吗。这帮小伙伴，曾经在她考试挂科的时候帮她补习功课，在她因为贫血晕倒的时候背着她去医院，在她失恋的时候陪她说话喝酒坐在高架桥上数汽车，在她和父母闹得不可开交离家出走的时候给她一个温暖的被窝，然后悄悄地与她家人保持联系，替她不停地道歉……这些人和事，她决然是放不下丢不下的，用她自己的话说，这么多年来，可以没有爱情的滋润，但是不可以没有这些朋友的加油声，如果不是他们，她还不知道今天自己会在哪里会是一副什么德行；而这次的这段感情，也是来之不易，经过几次的感情挫折和碰壁之后，她才渐渐知道自己到底想要一个什么样的伴侣，现在好不容易找到了，朋友认可，家人认可，自己也投入了大量的情感，现在要放弃的话，她不知道以后还有没有勇气再去用心经营另一段感情……

小严面对的感情戏码，天天都会在各种婚姻和恋爱的故事里上演着，就是我自己，就不止一次在生活中碰到过。

朋友和爱人，都是我们生命中不可或缺的部分，我们的朋友，一路陪伴走来，默默地给了我们莫大的力量，但有时候，如果处理得不好，也会无心地帮倒忙。

小严的朋友是真朋友，所以她不愿意轻易放弃，但也有人会觉得答案很简单，爱情总是比友情更重要一些，其实事情倒是没有严重到如此地步，非得做出绝情的选择，不过如何处理好朋友与爱人之间的关系，确实是每一个女子需要认真学习的课程。

我们在彼此朝夕相处的日子里，总是需要找到一个生活的平衡点，要缓解彼此之间的“束缚”。

不管是恋情中的两个人也好，还是婚姻中的两个人也罢，都有自己的朋友圈子，都有自己选择朋友的标准和权利，都有不喜欢交往的人，这些都是我们不可勉强的。

简单地说，你的朋友只是你的朋友，你没有权利让他们一定要成为你所爱之人的朋友，也没有权利让你所爱之人一定要把他们当作朋友。

“强扭的瓜不甜”，在这种事情上也是一样的道理。

偶尔聚会聊天，见见面混个脸熟是可以的，如果能有几个真心投缘的共同的朋友自然更好，但要是打算要长时期高频率地把他们硬凑到一起，要么会让另一半尴尬无语，要么他就得疲于虚伪应酬，久了之后，自然会觉得反感和压抑。

另一方面，每一段感情中，我们都需要一定的私人空间，是生活空间，更是精神空间。在这一方独立的天地里，我们都会有一帮私人的知己朋友。并不是说在爱情中我们一定隐瞒什么，而是在一定程度上，我们需要有所保留。

也需要一定的时间与空间，来缓冲爱情施加给我们的压力，喘一口气，很重要。

对于这一方小小的天地，我们要学会尊重，学会调节，我想，这也是维系一段感情不可忽略的重要技能吧。

我们应该都很熟悉这样一则小故事：一个女儿在出嫁前问母亲："我以后应该怎么经营自己的婚姻？"母亲笑而不答，只是蹲下身用手捧起一堆沙粒。

女儿看了看，母亲手心里的沙粒形成了一个小小的沙丘，安静地积在一起。忽然，母亲把手紧紧地握在一起，然后沙子开始一丝丝地散落下来，越来越快。“婚姻就像这一捧沙子，握得太紧，就会洒落；摊开手掌，反而能安稳地拥有着。”母亲这才开口对女儿说。

足够的空间、时间和自由，这就是经营一段婚姻的基本原则。在我看来，最好的感情关系，是守恒的、平和的，且保持一定的距离。

我们都能理解一颗爱恋的心，一定是想要越靠越近，总想随时随地知道对方在干什么，想要知道对方心里在想什么，但如果掌控不好“度”，就会变成控制，变成要求，让对方感觉是在一味迁就，甚至觉得失去了自由。

可是在对方彻底爆发之前，我们往往感受不到自己的失误和问题，自以为是“我更爱你”的表现。而当你打着“爱”的旗帜去控制爱情的时候，有没有站在对方的立场去感受感受？如果换作是你，会愿意接受无休止地要求、控制和“侵犯”吗？爱，是美好的，给予了我们最亲近的关系，但并没有赋予我们唯我独尊的无限权力。

真正的爱情，就应该是彼此尊重而独立的，彼此在相对的独立与自由中，寻得爱情鲜活力量，成就一段关系更加长久的生命力。而愿意给予对方时间和空间、尊重对方选择的人，一定是自信的女人，更是智慧的女人。

禅意人生，无须拆穿

我曾看到过这样一则小故事。一个寺院的神坛上供奉着一尊与人同高的观音像，因为坊间传闻这尊观音菩萨有求必应，所以前来供奉请愿的人总是络绎不绝。某一日，寺院的门人望着观音像自言自语："菩萨啊，我真是羡慕你，每天不用说一个字，就能得到这么多的供奉和尊敬，你看我，整日都忙忙碌碌，寒来暑往风吹日晒，勉强解决了温饱问题，而且不被人们看在眼里！"他刚说完，忽然耳边传来了一个声音："既然你这么想，不如我们交换下，我来看门，你到神坛上来，如何？"门人吓了一跳，环顾四周，并没有看到有人经过，这才确定这个声音真的是从神坛上传来的，他看着观音菩萨问："你是说真的吗？""当然，不过我有一个要求，那就是，不论你看到什么，听到什么，都不能说一个字。”门人心想，这个要求实在是简单，于是当下就答应了。

就这样，观音菩萨化身为门人，在寺庙门口守门，而原来的门人，去到了神坛之上，静默地看着前来拜访的人们，倾听他们的心声。渐渐地，门人发现，这些前来祈愿的人，总是有着各种各样千奇百怪的想法和要求，有的合情合理，有的难以捉摸，又有的实在令人无法接受，但是不管怎样，他都按照当初与观音菩萨的约定，一直保持着缄默。这时，寺院迎来了一位富商前来上香。

富商来到神坛面前，把手提包放到了地上，自己跪下来祈愿，磕了三个头之后，他起身便匆匆离去，竟然忘记带走放在地上的包。神坛上的门人看着富商离开的背影，心中挣扎着，想要把他叫住，最后还是强忍住了。

富商走后，来了一位贫穷的女子，她一边磕头一边祈祷，希望菩萨显灵，能帮助自己渡过难关，让女儿的重病好起来。磕完头，女子起身准备离开，忽然间看到了刚才富商忘记带走的包，她打开一看，里面全是钱，她抱着包给菩萨不停地磕头，哭着说：“谢谢菩萨！谢谢菩萨！”好一会儿，她才万分感慨地离开了。神坛上的门人把一切看在眼里，他在心中反复地纠结着，好想对那位女子说，包不是你的，请物归原主。然而，最终门人还是忍住了。

不多时，又来了一位即将远行的年轻人，祈求自己一路平安。年轻人正要离去时，富商突然冲了进来，不分青红皂白拽住年轻人，嚷嚷着要他还钱，两人便在神坛前争执了起来。事情发展到这个地步，门人终于忍不住了，他开口把前因后果都说了一遍，争执的两个人终于停了下来，富商冲出门去找寻那个女子，而年轻人也整了整衣衫，赶着去乘船远航。

当所有人都陆续离开之后，寺庙恢复了宁静，观音菩萨对门人说："你下来吧！你已经没有资格再站在那里了！"门人不解地问："我只不过是说出了真相，主持了公道，这难道不对吗？"观音菩萨叹了口气，说："你当然是错了！你要知道，那位富商并不缺钱，他包里的那些钱财是他卖假药赚来的，可是对那名女子，这些钱却可以挽救她女儿的生命。而那位远行的年轻人，原本会被富商一直纠缠下去，延误了出航的时间，保住自己一条性命，而现在他可以顺利上船，但那艘船，将会沉入大海！"

佛说，看破不一定要说破，而说破者不一定真的看破。

你我皆凡人，永远无法预知，说与不说，其中的天机，但我们可以做到的是，观棋不语真君子，懂得可见不可说的大智慧。

在魔术这个神秘的行当里，有着这样一条“戒律”——尊重同道，哪怕看穿了他人的魔术，也不要去拆穿，那会砸了别人的饭碗——之所以有制定出这样的规则，自然是为了保护魔术这个行业的独特性，更是对每一位魔术师劳动成果的尊重。要知道魔术的起源早已无从考证，最早的史料记载出自埃及，可以追溯到西元前 2600 年，掐指一算，已经是四千多年前的事情了。

在中世纪的欧洲，魔术师被誉为魔鬼的化身，带着邪恶的力量，这样的鄙夷直到十九世纪才被打破，魔术才得以在正式场合进行演出，从业人员才拥有了合法的身份和地位。或许“看穿不拆穿”这样的戒律只会被写进魔术这样特殊的行业守则当中，但我们不可否认，这样一条看似简单的规则，却蕴含着大大的学问。

前几日朋友聚会，有女伴吃到一半，接了一个电话，脸色立马晴转多云，多云转阴。我们所有人都大气不敢出地望着她，等待她的火山爆发。良久，她忽然长呼了一口气，放下餐具说：“我觉得我男朋友劈腿了。”毕竟已经不是二十岁的时候了，我们这群人面对这样的事情，可以说是见惯不怪。有人直接问她，为什么这么说，刚才那个电话是什么情况？女伴回答说，刚才那个电话是她男朋友打来的，本来说好一会儿聚会完了之后，他来接她回家，但刚才他又在电话里说，被自己的某同事拉着一起见客户，来不了了。

如果真的是加班，倒也没所谓，问题是女伴刚才好巧不巧在来的路上碰到了某同事和他媳妇，正带着孩子去电影院看电影。

有人安慰她说，那也不能说明什么问题，更不能就此得出劈腿这样的结论，或许是真的有事来不了，又怕她担心，所以撒了善意的谎言，就像春晚小品里的桥段一样，到最后只是误会一场罢了。女伴一边听一边摇摇头，说：“我又不是三岁小孩，活了几十岁，好歹也是有些判断力的好吗？我早就发现他不对劲了，这半年加班的次数比去年一年都多，也没见他有升职或者加薪，回到家就‘累’得不爱说话，我问几句就觉得我烦，唠叨，不够体谅他的辛苦，我以前话可比现在多多了，他从来不会这样抱怨。本来我想着，可能他工作压力确实比以前大了，就不去计较，可是他又开始隔三岔五地说要出差，还不让我给他整理行李，这些事情以前他从来都不会自己做的，最重要的是，最近一次出差回来，他去洗澡，我帮他收拾行李，居然在行李箱里发现了一盒开了的杜蕾斯，三只装的，还剩一只，而他出差刚好两晚，那么说这是巧合吗？他一个人用得上吗？”女伴说得很平淡，听的人反倒有些按捺不住了，纷纷说，这种事情可不能靠猜的，你没找他问清楚吗？女孩摇摇头，“我把东西都原封不动地放回去了，也没有跟他提过。”“为什么不问？”“如果他已经在心里下定了决心要分开，问与不问，结果都是一样的。”“你不觉得亏了吗？”“他劈腿，是他的错，但是感情这种事情很难说得清楚，在他眼里，我一定有不如人之处。硬要逼问起来，我们两个都会被置于毫无颜面的处境，与其那样，不如分手的时候痛快一些，也至少给彼此留下了颜面，不是吗？！”女伴的一席话，让所有人汗颜，却无力反驳。

我弱弱地继续追问：“你这么容易地接受现状，是不是你心里早就对这份感情不那么坚持了？你其实已经不爱他了？”“当然不是，恰恰相反，我心里对他还有爱，所以不想最后两个人都受伤，好聚好散吧！”女伴最后这么说，也这么做了，仅仅一周之后，我们听到了她重返单身行列的消息。

维特根斯坦曾有言：“凡能够说的，都能够说清楚；凡不能谈论的，就应该保持沉默。”我不知道会有多少人在面临这种事情的时候如此冷静，但我对女伴的选择表示尊重，并点赞。她选择将一段感情温柔地结束，意味着又一个不可说的秘密打包完成，从此只会静静地躺在记忆的抽屉里。

常常听到有朋友调侃，两个人在一起之前女人要睁大眼睛看清楚，在一起之后女人要闭一只眼学“装傻”，最终才会得到长久的幸福！这样的玩笑话能流传起来自然也是有几分道理的，感情的事情对错难分，太过较真，只能使事情越来越糟，如果换一种方式做模糊处理，或许反倒让两个人都轻松下来，安全感也会得到自动升级。

这里的“装傻”，不是放纵，而是适度地退让，为了更好地保护婚姻与自我。

在情感世界里，恐怕没有任何一个人愿意被欺骗，哪怕是善意的谎言，也常常被视为不可饶恕，于此，有人说，当你看清了一个人而不揭穿，你就懂得了原谅的意义。

而我想说，人生就像魔术师的舞台，假作真时真亦假，真作假时假亦真，面对生活的各种伪装与欺骗，看穿了说出来，自然会获得一时的痛快，但接下来需要你承担的一定是毁灭；看穿了不说，是源自内心的善意与大爱，选择继续享受这场演出更多的精彩。

在繁复的社会生活中，人与人的关系是相互且守恒的。一方面，每个人都有自己的秘密，都有不可告人的一面，都有极力维护的隐私；另一方面，每个人又都想把旁人看得更透彻，以此来保护自己，获得更多主动权。这就是这个游戏独特的规则，就这么一代代地延续着。

然而，人生已经如此艰难，有些事情就不要拆穿，或许有一天，你会发现，你的闺蜜像祥林嫂一般跟你倾诉的一堆苦水都是她的杜撰；你的朋友跟你滔滔不绝述说的奋斗史是别人的故事；你的同事光鲜亮丽的简历是花钱买来的；你的领导一边跟你说方案没通过一边把方案的署名改成了自己；你的爱人一直说丢掉的曾经一直被他深深地藏在纸箱里；你的父母在外人面前一直说自己的女儿高薪高职……此时，看在眼里，记在心里，是你最应该做的事情，用自己多一点点的善意，给那些你仍爱着的，或正在改变的人们换一个机会，与人方便，自己方便。

人生在世，难得糊涂，该明白的时候明白，该糊涂的时候还是糊涂一些好。

当然，我们所说的糊涂，倒不是要刻意去自我欺瞒，而是尽量做到，得饶人处且饶人，同时也是放自己一条生路。

工作也好，日常生活也罢，人生的整个旅程中，很难有事物能够真正达到完全公平的状态，既然如此，我们就应该胸怀天下，让挫折在善意的退让中，烟消云散。